# 信息时代

## 正在改变的世界

佛涛

# 信息時代

## 正在变革的世界

洪鼎芝 ◎ 著

世界知识出版社

**图书在版编目（CIP）数据**

信息时代：正在变革的世界 / 洪鼎芝著．

—北京：世界知识出版社，2015.5

ISBN 978-7-5012-4901-5

I.①信… II.①洪…III.①信息化社会—研究 IV.①G201

中国版本图书馆 CIP 数据核字（2015）第 074549 号

## 信息时代：正在变革的世界

Xinxi Shidai：Zhengzai Biange De Shijie

| | | | |
|---|---|---|---|
| 著　　者　洪鼎芝 | | 策　　划　世知东方 | |
| 责任编辑　薛　乾 | | 特邀编辑　杨　静　杨　娟 | |
| 责任出版　刘　喆 | | 装帧设计　周周设计局 | |
| 内文制作　宁春江 | | 出版发行　世界知识出版社 | |

地　　址　北京市东城区干面胡同 51 号（100010）

网　　址　www.ao1934.org www.wap1934.com

联系电话　010-58408356　010-58408358

经　　销　新华书店

印　　刷　北京盛源印刷有限公司

开本印张　710×1000 毫米 1/16 15.75 印张 2 插页

字　　数　150 千字

版次印次　2015 年 5 月第一版　2015 年 5 月第一次印刷

标准书号　ISBN 978-7-5012-4901-5

定　　价　30.00 元

（凡印刷、装订错误可随时向出版社调换。联系电话：010-58408356）

# 目 录

## 第四讲　信息化与全球化的融合与推进 ················045

## 第五讲　网络空间的博弈 ························053

## 第六讲　"话语权"与舆论战 ···················071

## 第七讲　新媒体：舆论争夺的新战场 ··············085

## 第八讲　"云"的力量 ························103

# 前言  我们这个时代

## 信息时代：时空之变，未来已来

就宇宙的历史而言，人类历史是很短暂的一刻。历史学家大卫·克里斯蒂安将宇宙130亿年简化为13年前，那么人类的出现大约是在三天前，最早的农业文明约发生在五分钟之前，工业革命才不过六秒钟以前，而世界人口达到60亿、第二次世界大战、人类登月都不过是最后一秒钟发生的事情。

人类文明的发展离不开物质、能量和信息。有学者估算，人类早期在狩猎文明时代，人的吃、穿、用基本都与动物能源有关，人类生存空间需要约100倍农耕时代所需要的土地量，如果农耕时代每人生存需要5到10亩地，则狩猎文明时代需要约500到1000亩地的生存空间。一个300人的部落就需要15万到30万亩，约为100到200平方公里。如果超过1000人，就需要约300到600平方公里的土地。因此，狩猎时代人口的平均密度非常低，总量也非常小，无法形成一个大的群聚性社会，从而无法构成文明快速发展的最基础条件。

在农耕时代，人类利用土地和植物能源解决了人的吃、喝、住、穿，以及各种财富增长问题，人类文明因此得到了飞跃发展。人口数量扩展了10倍以上，大型的群聚性社会得以形成。城市得以建立，社会分工得到较大发展，富余能量的提供还让一部分人得以解脱出来，专门研究思想、文化和制度，技术和教育的机构与机制因此得以建立，人类也因此不断发展出对信息的感知能力和学习能力，并以文化的形式不断累积和传承下来，人类社会的进步得到飞速发展。

人类进入工业社会，电力、石油等化石能源的大规模使用，制造业的发达，通讯业的产生，彻底改变了人类的生产方式和生活方式。人类创造的物质财富极大丰富，人口数量普遍增长一倍以上，城市化扩展了5到10倍，人均利用的财富量增长了10倍以上。与之相伴的是科学、教育的飞速发展，人类生存发展的基本需求得到充分满足，产品的多样化得到充分实现。

人类进入二十世纪下半叶，经历了两次世界大战，社会发生了巨大变迁，生产力得到了翻天覆地的发展。新科技新知识的迅速传递、艺术与技术的相互融合、文化氛围的不断创新、区域经济的全球联系、世界格局的多极演变……人类文明自此进入了一个快速发展的轨道。而其间计算机技术的发明，无疑加速了人类文明发展的进程，人类迈进了信息时代——一个信息生产、知识生产和智能生产的全新时代。**计算机互联网的发展和应用已经不再是单纯的科学技术现象，更**

是一种政治、经济、军事和社会的整体现象。

当今时代，信息革命正以愈来愈快的速度向前发展，其规模将向全球网络化、纵深化推进，其技术将向超导化、生物化和量子化迈进，将把人类社会的文明发展带入一个史无前例的高度。

**这是一个时空关系深刻变化的时代。**我们就处于这么一个历史时代，人类的大航海，在地理上把人类活动联成为一个整体，开始了全球化进程。市场经济数百年的积累发展，金融作为经济的血脉，在全世界所向披靡，加快了经济全球化进程。现代工业的发展，带动了人类群居化生存（城镇化）的极大扩张，大城市、超大城市成为人类经济社会政治活动的中心，形成一张紧密联系的网络。

**现代交通、信息技术的发展呈现加速、跳跃的特征，人类文明的巨大创造使得社会生活的时空关系发生了重大变化。**全球航空网络的建立使得人员来往变得更加便捷，如果中国雄心勃勃的全球高铁网络计划能够得到实现，巨量的物流、人流将以很快的速度在全球运转，互联互通所带来的人类活动空间关系的变化，将带动人们生产和生活方式的巨大变化，信息传播和文化创造也因此空前繁荣。**如果说金融是人类的血液系统的话，互联网就是人类的神经系统，得到了全面的发育成长。**互联网带来了人类知识的革命，通过一个虚拟的空间，彻底调整人类的时空观念，信息交流能够即时进行，历史和现实中几乎所有的信息都能在网上查到。人类与世界的关系变得越来越实时化的同时，空间在无限放大，时间在无限绵延。这个时代，天地环境与人紧密相连，全球成为一个村庄，历史以整体的形态展现在人们面前，未来又似乎触手可及。这个时代，变化愈来愈快，所有的进程都在加速，爆发成为常态。

**这是一个虚拟世界和现实世界走向合一，人类走向一体的时代。人类通过互联网创造了一个虚拟世界，又通过大数据、物联网把虚拟世界和现实世界联系起来。**自此，人类的文明创造，通过0和1把万事万物数字化，让人与人、人与物、物与物联成有机一体，人类社会通过智能技术，与物理世界高度融合、整合、契合、和合，将人类所生存的地球变成为越来越智慧的地球。这不仅是对人类生活方式的革命性变革，也是对人类生存根基的根本性改造。**正如一些学者指出的那样，生产的全球化+互联网已经可以真正保证人类的知识不再因为个别地区的偶然因素而出现大规模的毁灭，人类的历史只能前进，不会倒退。**

信息时代，人类各民族的文明和文化在交流碰撞中走向和而不同的一体。尽管当代民族国家间的利益博弈竞争更加激烈，但互联网如同一种超级凝聚剂，不仅能高效地促进国家民族内部的团结统一，更能消弭文化、思想、信仰差异，更有效地融合世界各不同民族、不同地区、不同肤色、不同宗教、不同信仰的族群，走向"天下大同"。因为互联网，全球几十亿人类首次联结在一体，散布在全球的智慧、情感和力量能够跨越组织、阶层、国家、民族、宗教、信仰等传统藩篱，网聚起来形成有史以来最强大的力量。**人类渐次展开的超大规模的各种协作和联结将快速、彻底地改变世界的一切，远远超越人类累次信息革命和科技革命的成效，人类文明发展进入了一个同体但有差别的新境界。**

**这是一个人类具有无限改造和创造能力而又茫然困惑的时代。**在中国传统文化里，人不仅仅是社会关系的产物，也是自然关系的产物。天、地、人是相互影响、感应的一体，自然环境决定了人的根本天赋，社会环境制约着人的成长，而人也通过自己的活动改变着自然和社会环境。从根本上说，人是一定时空关系的产物。犹如生活在十九世纪的人，无法想象今天人手一部手机聚在地铁里赶着上班的情景。今天的人，更无法想象下一世纪人类的生活状态。

在信息时代，人类知识的范围从来没有如此宽广过，广至浩渺宇宙，细至分子粒子，人类的知识总量在加速累积，还没有一个大脑装得下如此多的知识，一个人一辈子的学习，仅仅是人类知识的一根毫毛。幸好，人类发明了计算机云空间存储无量无际的知识，给人类带来利用的方便。同样，信息的高度聚合，犹如核聚变，必然带来人类知识更大、更深刻的爆炸性扩展，人类正在创造着新的文明。

信息时代，国家、社会群体、公司团队乃至每个人的力量都在无限增长。人流、物流、信息流、资金流等前所未有地汇为一体，时时刻刻改造着这个蓝色的星球。人类的能力借助科技无限放大的同时，互联网的广泛使用、信息的大爆炸使得人类的心智正在经受巨大的考验，自然的和社会的种种问题又会反馈、影响到人自身，纠结于人的精神之中，**正确价值观的文化力量前所未有地走向了人类活动的中心舞台**。物质财富的极大满足必然带来人们源于自身内部的精神文化创造。人在大力改造客观世界的同时，改造主观世界的重要性前所未有地凸显出来。

对人的群体组织——社会来说，时空关系的变化使得社会关系的复杂性前所未有。经济的富裕和扩张，信息化的加快普及，必然带来各种各样文化意识形态以及法律制度、生活方式的渗透。**经济基础的变化必然要求上层建筑与其相适应，现有的国家和社会治理体系遭遇了前所未有的压力**。当今我们所遇到的所有社会问题，某种意义上可以归纳为两类问题：面向未来的发展问题和面对当前的治理问题。而所有的社会发展问题，最终必然归结为人自身的发展问题。**当社会财富极大丰富时，人的全面发展才是终极目标**。在这个时代，"以人为本、人民主体"，依然闪耀着人类理想的光辉。

## 信息技术正在快速、彻底地改变一切领域

信息时代是人类有史以来变化最为剧烈、最为激荡人心、最为伟大而神奇的时代。信息技术的巨大作用，正快速地、大规模地改变着

经济、文化、教育、科学、社会、政治等所有领域，并最终会在一切领域给人类带来根本的、彻底的革命性变化。

在信息时代，信息记录方式、传播方式发生了重大变化。信息的传输能力和速度空前提高，人类活动的时空限制得到突破，网络构成了社会活动的基础平台，一个虚拟世界正在形成，并与现实世界相互交织影响。

在信息时代，信息资源成为最重要的战略资源、主要的社会财富，知识创新成了社会发展的主要动力，情报源成了新的权力源。**实物和货币的积累，曾经是过去时代国力的标志。在信息时代，对数据的积累、加工和利用能力将成为国力的新标志。**在当代，世界各国对信息技术以及信息消费资料生产权、支配权（话语权）的竞争，成为国际斗争与较量的焦点。全球巨量的资本、高科技都在应用于如何增强信息的生产和控制能力上面，信息的生产和控制能力成为人类进入工业化时代继资本、科技之后的新一代经济手段，信息生产和消费成为二十世纪末崛起的新兴产业，成为新时代经济实力的新制高点。

在信息时代，世界因互联网络而改变。从政治和社会管理角度看，互联网推动了全球化一体化进程，增强了各国间的相互渗透和相互依存，使国家与国家之间、国家与国际组织之间形成了纵横交错的紧密关系，国家政治主权逐渐向内部和外部扩散。互联网时代的国家安全概念发生了重大变化，非传统安全的挑战以越来越多的形式出现。信息网络渗入经济领域对于经济的深远影响足以同工业革命带来的社会变化相匹敌，促使经济关系发生了革命性的变革。网络改变了战争生态，并带来全球文化的大碰撞、大交流和大融合。

**在信息时代，信息继政治、经济、军事及话语霸权之后，再次成为强国与弱国之间实力差距的附加杠杆。**发达国家凭借自身的信息与创新优势再次获得对新兴国家、发展中国家的有利地位。正如美国未来学家托夫勒指出的那样，当今世界，谁掌握了信息，控制了网络，谁就将拥有整个世界。

在信息时代，一个国家表达"国家存在感"的最有效方式，除了国家的整体"实力"，就是这个国家的"话语权"。新闻传播成为无形的战场，网络舆论战的作用更加凸显。**当今世界进入新媒体时代，舆论传播方式发生了重大变化，大众社交媒体等作为舆论的重要发源地，成为舆论争夺的新战场。**以社交媒体为主要代表的新媒体技术的发展，正在重新组织与排列当前世界的社会行动、政治议程与外交博弈方式。能否掌控网络舆情，已经成为国家建设成败的关键。新媒体的快速发展，也对国家形象传播提出了新的挑战。

信息时代的到来，也带来了许多问题，比如网络安全、网络犯罪等，社会中的丑恶现象在网络世界均有所反映。互联网的治理如同物理空间的管理一样，需要文明、公正、诚信和法治。我们需要弘扬健康的网络文化，推进网络文明，并从社会管理创新的角度，运用崭新的理念及措施来面对互联网带来的新现象、新问题。

**在信息时代，物联网、云计算、大数据的广泛应用必将带来巨大的思维变革。**人们是在一个信息对称的社会环境下进行博弈，竞争的重点在于核心技术的创新能力，以赢得竞争发展的先机。我们需要树立共享、共存、互助、相互开放等理念。我们的学习方式、思维方式、生活方式均需要作出改变和适应。

## 中华文明的复兴迎来前所未有的历史机遇

中国是人类仅存的历史未曾断裂的文明古国、世界大国。**中华民族对世界的贡献，不仅仅在于古代的"四大发明"，更是为人类留下了一部不间断、可考证的编年史，记录了数千年来日月星辰的变化、人类文明活动的演变。在今天这个万事万物数据化的时代，中华先祖留下的历史信息成为子孙们无量的财富。**我曾想，中国在明朝曾经集古典大成编纂了《永乐大典》，是古代汉文化的光辉成就，成为世界上著名的百科全书。清朝在编撰《康熙字典》的基础上，编纂《四库全书》，可称为中华传统文化最丰富、最完备的集成之作，已经成为国家正统、民族根基的象征。但这些人类文化信息的整理工程浩大，仅为少数统治阶层所有，没法普及大众。今天人类迈进信息时代，人们逐步掌握运用电子计算机、软件、互联网等概念与手段，将各种知识、技术、文化、理念、创意等进行数字化、网络化，使知识成为最宝贵的财富，成为最新、最高的生产力。这将不仅促进社会生产力进一步提高，而且也为全面总结人类文明经验教训，解决现代文明带来的各种弊端，提供可能和方便。中华民族如今到了复兴之时，中国应以自己的强大国力为支撑，以对中华民族负责的精神，组织力量整理中国5000年文化资源，并充分利用现代信息技术，建设中华文明数字库，以数字化方式永久保存中华文化符号，以便全民共享、传承后代，更好地延续发展中华民族的文化之脉。同时，组织开展中华文化翻译工程，以多种语言，通过网络等途径，将中国文化传播出去，形成文化交流沟通纽带，让中华文化更好地服务全人类，推动文明的进步。也许适当时候，中国也能发挥自己的文化影响力，向世界各国倡议建设全球文化信息资源库，以信息化方式梳理、整理各大洲各民族文化资源，抢救各民族文化遗产，共享人类文明资源。

这一代中国人是特别有福的。近代工业进入中国以来，特别是改革开放的30多年来，中国这块土地通过工业生产方式创造的社会财富远远超过了以往几千年的总和。当今中国制造的产品，不仅有力保障了历史上从未有过的如此规模的14亿人口群的基本生活，而且远销世界各地，为改善大部分人类的生活质量作出了巨大贡献。**中华民族从来没有像今天这样富裕过，不但拥有祖先留下的巨量的思想文化遗产，也拥有如此富足的物质生活。**在全球化背景下，不同文明的碰撞融合、先进生产力的吸收与进步，为我们民族的文明进步提供了巨大的机遇，古老的民族不断焕发出新的光彩。

信息时代的到来，无疑为中华民族的发展提供了新的历史机会。互联网正在深刻地改变着人类经济、政治和社会生活的方方面面。"在风口上，连猪都会飞"，也许，**我们当代中国人，也会借助互联网技术快速发展的风口，创造出一个全新的未来。**

**这是一个文明的再造过程。**我们需要借助物联网智能化技术，推动产业形态升级，向"中国智造"迈进。我们需要大力发展电子商务，发展起更多的信息化应用平台，塑造一个新的商业文明体系。现代政党政治进入中国不过百年时间，法治和制度的进步更需要程序和技术的保障，也许以互联网为代表的新技术，能在推动人民民主、民族共和为特征的政治文明进步中，为我们提供新的思想方法和源泉动力。中国社会处于一个巨大变化的历史转型期，14亿多人口的生老病死、社会保障、流动发展、精神创造，既要有活力，也要有秩序，是个世界性的难题，也许改造一切的现代信息技术能助我们一臂之力，走出一条中国特色的社会治理道路来。随着中华民族的复兴，中国需要为人类文明发展作出更大贡献。**面对人类文明发展的深刻转型，面对社会主义与资本主义、东方文化与西方文化、科学技术与人文思想进一步交汇融合的大趋势，我们也许需要借助全球互联这个平台，进一步弘扬中华民族几千年来一直倡导的"天下大同"思想，让中国梦**

**与世界梦交相辉映。**

这是一个改革和创造的时代。也许需要扩展我们的视野，放大我们的心胸，更好地认识当前所处时代的特征及其发展趋势，从而牢牢把握历史给予我们的机遇。

**趋势的力量无法阻挡。规则在破解、在再造，但逻辑并没有改变。**

这本小册子，意在揭示我们当前所处的时代特征，分析人类社会文明发展的趋势，描述影响互联网信息时代发展的一些内在规律性特点，但愿能为大家的思考提供一点帮助。

第一讲

# 信息与人类文明发展

　　信息和物质、能量一样，是种客观存在。对人类来说，信息是种资源。人类文明史就是一部信息发展史。人类通过语言的创造——文字的创造——电信通讯及互联网计算机的创造，推动信息革命的发展沿着点、线、面、体的逻辑方向前进，极大激发了人类的精神文明和物质文明创造，不断将人类文明推上一个新的高度。

无所不在：

## 什么是信息？

信息和物质、能量一样，是种客观存在，广泛存在于自然与社会之中。

**我们生活的这个宇宙是全息的，宇宙中一切事物——包括任何物体、运动和关系，都记录有它所触及过的物质运动关系的痕迹，并能为人所知。**人们可以通过观察物体的色泽、质地、结构、痕迹、时空关系、音质等，发现其中这样那样的信息，并因此识别、认识事物。只是万物记录的信息有强有弱，并因人的注意力而被甄别为有用或无用。

学者们对信息有着各种各样的认识。

有学者认为，信息是物质的历史、性质、环境的表现和记录，依附物质而存在，借助物质而表现。信息体现了物质表现形式的基本特征：它是实体的，必须以具体的物质作为载体、媒体，用物质才能表现其存在；它是运动的，体现着事物的变化，是事物运动变化的记录印迹和历史；它是关系，它所表现出来的秩序、结构就是物质关系的演绎。物质所表现出来的信息，是物质世界的投影。任何物体都是附着、携带有信息的信息载体。任何物质都必然表现着这样那样的信息。

还有学者认为，信息的实质是能量。信息是一种与实在物质并列的另一种客观存在——非物质客观存在。信息也是能量的表征，其实质就是能量。精神是一种具有主体程序的特殊信息。由于作为非物质的能量与物质是可以相互转化的，信息（即能量）在一定条件下也可以转化为物质，物质与精神是可以统一的。

还有学者认为，信息是种独立的存在。信息与能量、物质在空间和时间中的分布有着密切的联系，因此信息成为物质客体之间相互联系的一种必然形式。信息既是客观的，又是主观的，某种意义上，它超越了客观与主观的概念。它虽是对事物的记录，但并不一定是事物本身。信息一经产生，就可以复制，剪辑，删除或恢复，可以重现，可以仿造，可以传输，带给人们思考，带来联想，甚至能调动人们的激情。这时信息可以与事物本身毫不相干，甚至事物本身已经不存在了，它的信息依然存在。

更有学者强调一个惊人的判断：信息在整个宇宙中不仅支撑着一切，也支配着一切！

**科学家们通过现代科技手段发现，信息支配着宇宙的演化，信息还支配着物质间的联系与联结。**一些实验室用仪器检测到所有物质都存在信息（声、光、电）交流活动。

波是物质的基本存在方式，其中蕴藏着能量与信息，波广布茫茫天宇，遍满一切虚空。电与波都承载着能量与信息，电在金属体中传输能量与信息，源源不断为人类提供可控的能量与信息；而波既可在介质中，也可在真空中传播能量与信息。人类通过控制不同形式的波完成各种欲达的功能。与电相比，波所具有的跨越性使波在一些领域发挥着强大的传播功能。

**转信息成智慧：**

# 信息是人类生存发展的资源

信息的价值是相对于人而言的，人是第一位最重要的，只有当人发现了信息、掌握了信息和运用了信息的时候，信息才成其为"信息"。而信息的支配能力正是通过人类活动而实现的。信息的作用只有在为人所感知和理解、使用的情况下才会体现出来。人类的一切活动表现为从外界获取信息、经过人脑处理信息、发出信息去适应和控制外界的各种变化的循环过程。

信息对人类来说，是种资源。

信息和物质、能源同等重要，和人类的生存发展密不可分。所不同的是，物质、能源在地球上都有一定的限度，而信息资源不仅没有限度，而且其发展只会越来越快。人们从发现物质到发现能源到发现

**信息，其作用是不断递增的。**信息通过运载、存储、传播、再生，可以为全人类共享。并且，社会的信息化程度越高，人们的综合能力和系统能力也就越强，人类活动的有序度就越高。

信息是可以被人感知的。

人的眼、耳、鼻、舌、皮肤、神经、大脑等器官正是感知信息、接受信息的工具。人的大脑就是一个信息处理器，是自然界进化出来的最奇妙、最精巧、最精致、最完美的用以表现信息种种性质的机器，它同信息一样是宇宙最为华贵的事物，美妙绝伦。想象力这个词本身，就非常形象地形容了人脑对信息的奇妙处理能力。信息经过人脑，被改造成真相和假相，虚构出梦想和幻想，"升华"为理想和理性；信息被人们进行各种各样的加工，作为消费品满足各种不同人的需要。

信息是人类认识的基础。

人类的一切活动都是在对事物表面信息的收集，并通过这种收集形成感性认识。根据感性认识对事物进行分析处理，便可形成概念。将概念进行归纳、比较、综合，就能对事物的本质和规律形成理性认识。理性认识的系统化和优化即成为知识。通过知识的综合升华为智慧，形成超越该知识范围的基本理论。人类正是通过把信息转化知识和智慧，进而转化为能量和生产力。有学者说，信息是平列的，知识是组合的，而智慧是有生命力的。人们通过对信息的分析、综合、交融、嫁接，可以产生无穷新的信息，形成无穷新的知识，创造无穷新的智慧。

　　人类正是从事物的特性上感觉事物的信息，通过对事物各方面信息的感知把握事物的性质，认识事物，从而把握整个世界，认识自己，进而去设计我们的心灵世界，并努力去改造世界，实现我们的生活目标。在实现我们梦想的过程中，不但满足我们大脑机能的需要，也使我们的世界表现出更加丰富多彩的技术、物质和新事物，推动人类文明发展。这一过程，正是人和人类自身、人类社会、历史和文明、地球生物界以及整个宇宙世界复杂演化和有序进化的过程。

### 载体变革：
# 人类文明史是一部信息发展史

　　人类历史的进程、人类层次的提升总是和信息的发展联系在一起。人类文明的进程必然伴随着信息和信息量的增加，离开了信息的传播、交流和融合，什么发明创造都不会出现，而信息的增加、积累、再生，必然依靠信息载体的进步和革命。

　　**信息载体的变革应该是人类文明进程中最为本质的因素。**蚂蚁和蜜蜂的社会早于人类社会数亿年，而至今仍是那种永无长进的古老形式，就是因为缺乏信息量的增殖或增殖极微的缘故。而人类社会则不同，人类的进化、发展除了受先天的遗传基因影响外，主要是依靠后天获取信息进行的。人类不仅有受教育、受训练等被动获取信息的能力，还有自学习、自适应等主动掌握信息的能力，并且更有融合信息、处理信息、创造信息等最为广泛的能力。正是由于这些能力，人类自身才会不断进化，人类文明才有不断发展，人类社会的信息量才能不断增加，以至今天进入了一个信息爆炸、知识产生连锁反应的崭新时代。从这个意义上讲，**人类文明的历史就是一部信息发展史**。人类社会每前进一步，都伴随着信息的发展；信息每发展一步，都推动着人类文明的变革和文明层次的提高。

人类最古老的媒介是人的身体本身，人们使用手、脸等身体部位来进行动作、表情等非语言传播，然后才产生了语言。一些人类学家认为，语言是在10万年前出现的。

大约公元前2万年左右，人类开始用图画来表达思想。今天在法国北部的山洞里依旧可见原始人群的作品，他们在这些洞壁上留下了驯鹿、野马和一些灭绝的动物的绘画。类似"太阳神"的绘画，在北美洲、俄罗斯乃至中国的贺兰山脉的山壁上均有发现，反映了史前不同时期那些最富创造力的人类的思想。这些壁画是史前人类最原始的媒介之一。

在有文字以前的社会中，人类还把表达深远意义的装饰性图案做在陶器、编织物、雕刻和其他简陋的日常用品上。尽管有这些媒介，文字出现前人类超越面对面传播的能力还是极为有限。人类除了木头、树皮、兽皮或石头上的那些图画以外，几乎没有跨越时间的东西，视力、听力和气象条件限制了他们远距离传播的能力。

大约6000多年前，中国的伏羲发明了先天八卦。这可能是中国最古老的文化符号了，乾、兑、离、震、巽、坎、艮、坤，分别代表天、泽、火、雷、风、水、山、地。伏羲通过这些符号建立了和自然界存在事物的关系，人们在交流的时候，就可以采用这些符号来传递自然界的事物图像了。

**文字的产生使得人类的信息传递和交流出现质的飞跃。文字是人类区别于动物的重大特征，是人类跨入文明社会的重要标志。**生物世界通常只有一个传播信息的办法，就是通过基因。而人类创造了一个平行于基因的信息体系，就是通过语言和文字，代代相传，称之为文明。相传仓颉为汉字的创造者，被尊为中华文字的始祖。《淮南子》记载："昔者仓颉作书，而天雨粟，鬼夜哭。"文字是人类表达观察、实践、思考、情绪、感受的基本载体，一改口口相传的粗疏而更加确切，使历史得以铺陈与绵延，使后人可以更好地站在前人的肩膀上看得更远。通过文字，人们不但可以异地、异时交流信息，而且打破了传递信息的同时性，人类的代际之间可以沟通了。在今天这个伟大的信息时代，文字依然不减其重要地位，与数字、符号、图形、图像、音频、视频等一道传播着人类生成的一切文明。

　　中国古代的四大发明是对人类文明发展的重要贡献。纸的发明解决了文字信息的固定问题，使文字的复制和传递更为方便。印刷术的发明，使文字信息（包括图像信息）能够大量复制，广为传播。造纸术和印刷术的出现，使得信息的记录、存储、传递、传播有了更强大的手段，使得信息能够在更广阔的时空中流转。

　　从近代来看，蒸汽机和电的发明，对人类社会作出了重要的贡献。这些发明也说明了物质能量客体在相互转换中，信息成为其必然的联系形式。随后的轮船、火车、飞机的发明则构成了全球范围的信息大流通和大融合。

　　十九世纪后半叶，由于电的发现和无线电技术的发展，开始诞生了一大批电子媒介，电讯、电话、电影、广播、电视等都是十九世纪至二十世纪人类的伟大发明。电子媒介对人类社会产生着重大的影响。

　　1899年3月28日，意大利科学家成功地将一份电报从英国跨越英吉利海峡发至法国，1901年又完成了横越大西洋的无线电报的发收。期间贝尔发明了电话。当世界上第一条海底电缆铺设成功，连接了大西洋两岸的欧洲与美洲时，这两个大陆上的人们举行了十九世纪最大规模的狂欢，以庆祝这项伟大的发明。

　　电视的出现是媒介发展史上的一场革命。通过无线电波或通过导线向广大地区播送音响、图像节目的传播媒介，统称为广播。只播送声音的，称为声音广播；播送图像和声音的称为电视广播。

1925年，英国科学家贝尔德成功地完成了传送和接收画面的实验。1926年1月26日，科学家在伦敦做公开的示范表演，震惊了世界。英国成为世界上第一个播出黑白电视的国家。贝尔德也因为对电视发展的杰出贡献，被称为"电视之父"。二十世纪五十年代初，彩色电视兴起。美国于1940年首先完成了彩色电视的发明，1954年，美国全国广播公司首先正式播送彩色电视节目。日本也于1960年正式播放彩色电视节目。中国于1973年播放彩色电视节目。

**电报、电话、收音机和电视机的发明更使得信息到处漫游，无孔不入，终于把整个人类从传统社会带进了现代社会。**

**二十世纪四十年代，电子计算机的产生、普及、应用及互联网的出现，把人类带进了信息时代。电子计算机的发明，进一步将各种信息压缩成0和1两个基本数码，并通过程序控制进行自动计算、随机处理和智能推断，成为信息发展史上一座最为卓越的丰碑。**

信息科技、互联网是人类迄今为止最伟大、划时代的发明，它远远超越了人类通信交往的范围，其高速度、多媒体、交互性、匿名性、个人性、数字化、异步性、升级性、虚拟性、开放性、自发性等特性，深刻地改变着人类的生产和生活方式、组织和管理方式，改变着人们的思维方式、行为方式和价值观念。在社会信息化过程中，社会也将自身的强烈需求反馈于技术，推动技术的创新、发明、普及和应用。网络构成社会活动的基础平台，各种各样的信息网络成为基础设施，构成社会活动的基本平台，人类因此迈入信息社会。**当前，新兴信息技术风起云涌，云技术浪潮席卷全球，以社交网络、移动互联网、云计算、物联网、大数据等为代表的新兴互联网技术，正在颠覆历史。**

### 人人共享：
## 信息技术的进步把人类带进一个全新的时代

人类社会的进步确实与"信息"息息相关。信息才是真正的万川之源。九九归一，人类文明的发展趋势都服从于人类社会信息发展的历程和方向。**人类通过语言的创造—文字的创造—电信通讯的创造，推动了文明的进步。人类文明的进步，归根结底就是信息技术的进步。**人类在信息交流传播上的每一次重大进步，都大幅推动人类的精神文明和物质文明的发展，将人类文明推上一个新的高度，把人类带进一个全新的时代。

信息的传播、信息革命的发展是沿着点、线、面、体的逻辑方向前进的。历史上每一次信息革命的爆发都是以信息传播手段产生革命性变革为其鲜明标志，这种信息传播的历程并不是以一种等差级数的关系在前进，而是以一种等比关系、加速度关系和大爆炸的关系在前进。而我们人类文明的进程也恰是如此。

在信息传播媒介的逐步发展、升级中，我们可以看到一种逐步增大、升级信息含量的趋势。文字报道必须逐字逐句阅读；广播使信息生动起来，带着播音员的感情色彩；电视进一步将信息立体化，声像同步传递，如见现场。同样一分钟，广播传播的信息大于报纸，电视传播的信息又胜于广播；同样一根导线通过的电子束，载送的是不同质量和数量的信息。而电子计算机与互联网的创造，将所有的信息全部归结为数据表达形式——0和1。只要有了0和1，加上逻辑关系，就可以构成全部世界。当今已经出现的读脑机、脑电波指挥的电脑、智能机器人和人脑插入的芯片等，都说明大脑的认知方式与世界事物同构，人与世界的关系，人类生存和发展方式，正在发生彻底的改变。

人类处在无限循环的信息活动过程中，不断地改造着自身。随着社会分工逐渐细化，人的大脑逐渐发达，脑容量逐渐增大，智商也在逐渐提高。有效的信息传播使后人得以站立于巨人的肩膀之上，站得更高，看得更远，走得更快。当今世界，信息传播无时无刻不在，知识、信息无时无刻不在人们左右，接受无时无刻不在，人类素质的全面提升无时无刻地在持续进行之中。人类告别了智力资源的短缺时代，迎来了一个智力资源快速增长的相对富足时代。

**信息互联网正在帮助人类实现有史以来最伟大的一个梦想：人类的一切文明成果都可以置入网络空间，并为一切人所共享。人类**

的一切知识和信息都可以获得网络存在方式，理论上都可以被搜索、分有。碑刻、书籍、器物、建筑、风俗、制度、遗迹、艺术品等历史承载体，均可被放置到网上，在虚拟空间中永存。从书籍、报纸、杂志、电影、电视、广播到可交互的互联网等传播手段的发展，人类可走进历史的承载之物越来越丰富，信息空间不可限量，**每一个人都可以走进历史的时代已经来临。**

**【名词解释】**

**读脑机：**科学家应用功能性核磁共振成像技术和电脑程序控制扫描方法开发而成，它可以探测人脑的思考和想象，分析人脑思维活动，准确度最高达到90%。亦有研究成果可以用机器将脑电波翻译成人类语言。

第二讲

# 信息时代的特征

当今时代，信息及其运行和覆盖的规模、广度、深度、层次、迅猛程度均远远地超过了前几次信息交流传播大变革的累加之和。其产生的巨大作用如洪流，正快速、大规模地改变着人类经济、政治、社会、文化、教育、科学等所有领域，最终会在一切领域带来根本的、彻底的革命性变化，使这个时代成为人类有史以来变化最为剧烈、最为激荡人心、最为伟大而神奇的时代。

这个时代就是信息时代。

互联网技术的快速发展，带来了社会生产方式和生活方式的深刻改变。

有学者称，从1946年美国IBM公司制造出世界上第一台数字计算机后，全球信息化的进程可以用三句话来概括：信息技术的产生演变成一场全球性的信息革命；信息革命推向全世界，演变成全球的信息化浪潮；信息化的结果，将使人类社会进入信息社会。

信息社会之所以比以前社会进步，最主要的一个方面，或者说最主要的一个特征，就是信息收集和传输的能力、速度得到了空前的提高。这种提高又是通过信息处理技术发展，即对信息媒体电子化的革命性发明而取得。对信息的电子化处理使得信息更容易、方便、快捷、迅速地在空间运动，缩短时间距离，更方便信息的收发双方。因此不少专家认为，**信息处理技术是二十世纪人类完成的最伟大的革命。**

芥子纳须弥：

## 信息记录方式发生了深刻变化

在信息时代，信息的记录不再仅仅只局限于纸张，电子科技的发展为我们提供了电子储存介质，这种介质体积小，储存容量大，易保存携带，电子化的信息使得它更具有了之前任何一个时代都不可能具有的海量性、可检索性、规模性。目前绝大多数的信息技术都以数字化技术为基础。数字化技术具有开放式体系结构、可升级性、可互用性等特点。数字化信息具有存储、处理、传输、交换等信息过程的速度快、容量大、成本低、准确可靠、方便灵活等优点。电子扫描技术、电视摄像技术、数码科技、编辑器，以及那些对电子信息进行甄别、选择、混合、复制、扩大、压缩、重组、扭曲变形的信息处理器，将大量以固态形式存在的信息转化成了数字化信息，几张光盘就能代替庞大的图书馆藏书，或者被置于互联网的虚拟"云"中随时供人翻读。

**纵观信息手段的发展，遵循着这样一个原则：以最小的载体，涵化最多的信息。**随着技术的进步，过去用铜线、双绞线、电缆传递信息，需要耗费大量的铜。光导纤维的大量使用极大地节约了铜矿，至于无线通信技术，除了发送、中继和接收，其他根本不用什么传统的物质。存储技术的发展，极大地节约了过去用于存储信息的资源。光盘和互联网的出现，使同样数量信息的传递只需要消耗很少的物质。目前人类已经有能力把海量的信息存储在一块小小的硅片上。随着信息技术突飞猛进的发展，现在每个芯片上可以包含上亿个元件，构成了"单片上的系统"，打破了整机与元器件的界限，极大地提高了信息设备的效能，并促使电子设备向轻、小、薄和低功耗方向发展。这将大大促进以智能眼镜为代表的互联网穿戴设备的发展。以谷歌眼镜为例，其集智能手机、GPS、相机于一身，用户只要眨眨眼就能拍照上传，甚至直接拍摄视频上传。智能手表、智能鞋等智能穿戴设备也可以实现类似功能。

科学家预言，也许不久的将来，人类能够把信息储存最终小到粒子状态。**粒子构成宇宙，粒子就是宇宙。一旦最多的信息汇集在粒子上，信息就成了宇宙本身，那是真正的全息世界。**人类可能面临着一种困惑，即信息测不准状态。

**至广无碍：**

## 信息传播方式发生了重大变化

互联网将电脑、声像、通信技术合为一体，文本、图形、图像、声音、影像等单媒体和计算机程序融合在一起形成多媒体信息。计算机、电视机、录像机、录放机、VCD机、电话机、游戏机、传真机、打印机、电子信箱等媒介的性能，以及书籍、杂志、报纸、广播、电视等大众媒介的优点统统综合在一起。传播方式走向交互，过去的人际传播是"点对点"的"对话式"双向传播，大众传播是"点对面"的"独白式"单向传播，计算机多媒体技术为人类传播活动提供了第三种传播形式——电子"交互式"的网络传播，使用户可以参与甚至改造多媒体信息。这种传播既综合了人际传播与大众传播的特点与优势，又不是两者简单的整合和延伸，而是一种全新的创造，人类的交互能力得到空前提高。有学者指出，信息时代是个大交互时代，信息和信息交换遍及各个地方，人们的活动更加个性化。信息交换除了在社会之间、群体之间进行外，个人之间的信息交换日益增加，以至将成为主流。

**当前，移动互联网的发展正在深刻改变人类交往方式。移动互联网是移动无线通信和互联网融合的产物，既具有移动通信随时、随地、随身的特点，又具有互联网开放、共享、互动的特点，形成了泛在、跨界、互动、微信群、点对面、一人对无数受众的信息传播特点，使信息传播以令人称奇的速度在难以估量的范围内传递。**特别是手机作为移动的信息载体，其无与伦比的优越性正在改变固有的信息传播形态和方式，"海内一键连，天涯若比邻"，无论何处何地，无论何人何事，网络的统一平台使原本互不相连的人和事联系了起来，并可能在瞬间产生巨大的化学反应。在中国，微信已成为智能手机的最热门应用，自从腾讯公司2011年1月推出这一手机聊天软件后，四年后的2014年12月，其注册用户已迅速突破5亿，遍及100多个国家和地区。作为手机上的即时通信工具，微信既能发短信，又能发语音，还能发视频和图片；既能单聊，也能群聊，让人感受随时在线的兴奋与激情，让人体验随时随地拍照片后即时上线的生动与情趣，还能根据地理位置进行人际互动，与陌生人群进行移动的社交体验。手机传递图像所受到的广泛欢迎使人们对以往的"读图时代"予以再认识，因为图像的信息传递更加集约、更加形象、更加生动，也能够顺应节奏快捷、信息海量环境下的新需求。

至速无极：

## 信息的传输能力和速度空前提高

信息传输是维持社会系统正常运转的大动脉。在科学实验中，网络数据传输速度已经可以达到每秒339GB。在实际应用上，预计2020年将实现有线网络每秒10GB的商用化。在无线网络方面，4G技术已经在推广普及，预计在2020年推出的5G技术传输速率将是4G的10倍至100倍，可以达到每秒10GB。

即时无限量传播是当前信息传播的一个重大特征。移动通信、视频点播、数据库等信息技术使人类可以非常灵活地安排活动的时间，使过去无用的时间能够完全发挥作用，还可以通过即时性复原，让人类自由支配任何一个时刻。它削弱了固定空间对人类的制约，也使得遥远的距离在信息传递过程中的消极意义极大地降低，甚至完全消失。在互联网上，你利用电子邮箱发一条消息，在大洋彼岸的另一个人收到这条消息只需要毫秒的时间。信息不再因地理而隔阂与滞后，在拥有物理设施的全球每个角落，人们都可以平等、快速、自由地访问信息。这种传递时间的大大减少，甚至是零等待的间隔使信息的时效性大大提高。

电子网络模糊了现实与虚拟的界限，改变了社会交流方式，也就改变了空间的存在方式。信息化使很多信息活动和物质活动减少了对巨大空间及相关空间设施的需求，节约了空间、材料和能源，使空间的积极意义在大幅度下降。

**对于身处当今时代的人们来说，时间正在疾速加快，空间正在无限扩展。**

工业革命时期，远隔千山万水的两个人见面需要坐火车、汽车、飞机，费时费力，现在却可以随时在网上见面和交流，时间和空间的差距完全被打破、被颠覆。人们的交流、交往空间通过互联网等现代通信技术以及飞机等现代运输技术不断扩大，但大家显得越来越忙，时间越来越不够用。

当然，对管理部门来说，应对快速变化的事态，无疑是个重大挑战。对于基层单位来说，一个小小点的问题，会迅速转化为一个面的问题，因为其所在的"点"不再是孤零零的一个点，而是全球网络中的一个"点"。

大数据时代：

## 信息资源变得极大丰富和极易获得

我们处于一个信息爆炸的年代。**相对于很多主体的信息需求而言，现在的信息供给是无限的。**各种现代信息技术极大地增加了信息的数量，提高了信息的可得性。各种遥感遥测技术使大量的信息产生出来。数字化技术使所有形式的信息都可以高质量地、长久地存储起来。光纤通信技术使海量的多媒体信息可以极为迅速地传递。超文本链接技术和检索技术可以使人们轻而易举地得到自己想要的大量信息。特别是我们已经处于移动互联时代，全球范围内，除了个人电脑、平板电脑、智能手机、游戏主机等常见的计算终端之外，更广阔的、泛在互连的智能设备，比如智能汽车、智能电视、工业设备和手持设备等都连接到网络之中。基于社会化网络的平台和应用，让数以百亿计的机器、企业、个人随时随地都会获取和产生新的数据。

根据市场调研公司IDC的报告，全球信息总量每过两年就会增长一倍，2011年全球产生的数据总量为1.8ZB（1ZB约为百万PB），相比2010年增长了1ZB，相当于全球历史数据总和。**继云计算后，大数据（big data）成为信息技术领域最为热门的概念之一。**

数字化生存：

# 网络构成社会活动的基础平台

各种各样的信息网络成为基础设施，构成社会活动的基本平台。**"信息化从根本上说就是实现社会的网络化，信息化的过程实际上是实现网络经济、网络社会的过程。"**在信息时代，人们开始了数字化生存，人与计算机的交流越来越方便，信息输入和输出的方式多种多样。数字技术应用成为生活必需。

近两年全球互联网用户数快速增长，有线和无线宽带普及率大幅提高，物联网应用、渗透到社会生活的各个方面，卫星通信网应用快速增长，信息网络基本实现了全球人口和业务单位的全覆盖。

据国际电信联盟《2014年信息与通信技术》报告，到2014年底，全球互联网用户数量已超过30亿，约占全球人口总数的40%。全球移动宽带普及率将达到32%。在中等以上发达国家，信息网络更是实现了全民普及。

据美国尼尔森调查数据，美国12岁以上孩子使用平板电脑的比例达到70%，77%的孩子会在平板上玩游戏、下载APP。英国未来咨询公司调查显示，英国3至12岁孩子中有44%拥有平板电脑，3至4岁的孩子中有30%拥有平板电脑，11岁后拥有智能手机的比例高达46%。

从国内看，到2014年5月份，我国移动电话用户数达到12.56亿，互联网用户数达到10亿以上，移动互联网用户总数达到8.57亿户，4M以上固定宽带用户数达到2亿。

这些数据均说明，信息网络基本实现了城乡人口的全覆盖，除了婴幼儿、高龄老人等特殊人群，几乎所有人口、所有家庭和所有业务单位都在利用信息网络，全民应用与普遍服务的格局业已形成。

### 模仿现实和虚拟现实：
# 正在形成一个虚拟世界

虚拟世界，是指借助于计算机和计算机网络，把现实的事物和活动，转变为虚拟的事物和活动的过程，以及这个转变过程的成果。电子邮件、电子商务、电子交谈、电子图书、远程医疗、远程教育、虚拟设计、虚拟制造、虚拟社区、虚拟战场等都是虚拟的表现。

有学者认为，这些情况可以分为两类：模仿现实，如电子邮件、电子商务；虚拟现实，如虚拟设计、虚拟制造等。与现实世界相比，虚拟世界有自己的特点：一是速度极快，包括数字化信息的存取、处理、检索和传输；二是不受三维空间的限制；三是节约甚至不用物质材料，因为虚拟现实技术可以减去现实中的试验过程，因此能够减少很多浪费。

智慧和自由的星球：

# 人与世界开始联成有机一体

物联网、互联网、移动互联网、智能终端，开启了人类数字化生存。如果说传统互联网是电脑的互联，那么社交网络是人与人的互联，而移动互联网更是使人与人互联如虎添翼。而物联网则是超越了电脑与电脑和人与人的互联，变成了物与物相联。下一步将是人与物的"链接"了，到那时，千里眼、顺风耳不再是神话。人类社会从"车轮上社会"扩展到"网络上社会"时，信息化仍然处于"辅助工具和支撑系统"的阶段，数字世界和物理世界基本上还处于一个平行的状态。现在数字世界和物理世界开始融合，物联网的发展是一个很好的开端。物联网通过各种形态的信息传感设备，把无以计数的物体与互联网连接起来，使其物理、化学、生物等信息接入网络，实现物物、物人的泛在链接与智能化交互，把世界的物理存在与互联网紧密相连，使人类社会与物理世界高度融合、整合、契合、和合，云计算等网络超级运算能力的提升，使人类能够越来越自由地让处在物联网系统中的人员、机器、设备、物体进行实时的管理和控制。

人类所生存的地球将成为越来越智慧的地球，人类与世界的关系变得越来越实时化。在传统自然形态下，物物相连是静态的，没有持续、有效、不间断的通道，而物联网将使传统静态的物物相连变成动态的智慧交互，这是一场对世界格局根基的根本性改造，给人类生活方式带来的革命性变革已不容置疑。

未来以原子为代表的物理世界和以比特为代表的数字世界之间的嫁接和融合，将形成一个新的世界，无论是社会的运作、人类的生活方式，还是企业的生产方式，都将产生巨大的变化。物联网的终极发展是使世界成为一个真正意义上的有机体，其神经末梢直达具体的一个个终端物体，各个末端之间可以实现有效交互。物联网使世界越来越智慧，越来越依赖智慧，越来越有序，越来越自由。

**【名词解释】**

**比特（bit）**：是信息量的度量单位。比特在二进制数字中，"0"或"1"各含一个比特的信息量，是信息的最小单位，如二进制数0101就是4比特。在数字通信中，用每秒比特数来表征通信中的信息传输速率。

**遥感技术**：是从人造卫星、飞机或其他飞行器上收集地物目标的电磁辐射信息，判认地球环境和资源的技术。它是60年代在航空摄影和判读的基础上，随着航天技术和电子计算机技术的发展而逐渐形成的综合性感测技术。根据电磁波的理论，应用各种传感仪器，可以对远距离目标所辐射和反射的电磁波信息，进行收集、处理，并最后成像，从而对地面各种景物进行探测和识别。利用遥感技术可以高速度、高质量地测绘地图，目前，利用人造卫星每隔18天就可送回一套全球的图像资料。

第三讲

# 信息资源成为最重要的战略资源

在信息社会，信息与能源、物质并列成为社会发展的三大支柱。进入二十一世纪，信息已经成为第一生产要素，构成信息化社会的重要技术物质基础。哪个国家、企业、组织和个人掌握了信息资源，并充分利用，就能掌握战略主动，在竞争中脱颖而出。

农业时代竞争的是劳动力，工业时代竞争的是劳动工具和技术，信息时代竞争的是知识和信息速度。

在信息时代，对信息数据的积累、加工和利用能力将成为国力的新标志。

现代信息社会的发展是一个递进的过程。有学者把现代信息社会分为计算机、互联网、大数据三大阶段。我们正在进入大数据时代。计算机时代的核心是计算能力，极大提高了人们对数据的处理水平；互联网时代解决了信息移动和连接的问题；而大数据时代，可将世界万事万物通通数据化，让人们在数据利用中优化现实操作和行为，令全球性系统的运行更为高效。**某种意义上，之前的计算机时代和互联网时代，都是为大数据时代做铺垫和准备的。**获取和利用大数据，寻找过去现实世界中所没有的全新生活方式、社会治理机制和经济发展途径，开始成为社会各方面关注和投入的中心。一些学者因此认为，当获取和利用大数据成为社会共识和社会发展的主要推动力的时候，就可以说人类全面进入了信息化社会。

日本全国"信息社会"发展纲要的领导人松田米津提出了信息社会按时序排列的具体坐标。他认为，第一阶段（1945~1970年），计算机大多用于解决科学课题；第二阶段（1955~1980年），计算机基本上用于解决管理问题；第三阶段（1980~2000年），计算机用于个人。今后，人们利用信息就像利用电和水一样。信息革命能够从根本上改变社会和整个世界。

总开关：

## 信息资源成为信息社会第一生产要素

在当今信息社会里，信息与能源、物质并列成为社会发展的三大支柱。只有物质没有能源，世界是呆滞的；只有物质和能源，没有信息，物质的运动是杂乱无章的。**对物质、能源和信息整合并以信息为灵魂的世界的认知，彻底改变了人们的世界观和生活、生产方式，也从根本上推进了技术领域的变革，工业化与信息化加快融合，信息技术成为调控其他一切技术的总开关。**经济学家普遍认为，进入二十一世纪，信息已经成为第一生产要素，构成信息化社会的重要技术物质基础。农业时代竞争的是劳动力，工业时代竞争的是劳动工具和技术，信息时代竞争的是知识和信息速度。

美国《第三次浪潮》（1980年）的作者托夫勒认为，人类社会正在进入第三次浪潮文明。第一次浪潮文明为"农业革命"，历时几千年，第二次浪潮文明是"工业革命"，只用了三百年，第三次浪潮文明可能只需要几十年的时间。在第三次浪潮期间会出现四种关键产业，即电子电脑产业、空间产业、海洋工程和生物遗传工程。新的生产方式能把成千上万个工作岗位从工厂和办公室转移到家中去，这就解决了交通危机和工业社会中的问题。

德国社会学家布赖顿斯坦的观点是："当人与人之间信息传播的

意义超出了工业生产的作用时，工业社会就成为了信息社会。"他认为发达工业国家里的"信息社会"业已形成，因为人们花费在个人交往和信息交流上的时间大大超出了消耗在工业产品生产上的时间。

美国著名社会学家丹尼尔·贝尔的著作《后工业社会的来临——对社会预测的一项探索》（1973年）在全世界引起了巨大反响。贝尔按照社会结构的分析方法，将前工业社会依靠原始劳动力从自然界提取初级资源，进行采矿、捕鱼、林业、农业等采掘性劳动看作是人与自然的斗争；将工业社会以制造商品为目的，围绕生产和机器这个轴心组织起来的劳动看作是人与环境的斗争；认为后工业社会是围绕知识组织起来的，它改变了经验居首位的传统模式，而是用知识进行社会管理、指导决策、开发研究、创造变革等，并把这种趋势看作是人与人的斗争。

一些学者指出，在信息时代，信息/知识正在以系统的方式被全面应用于变革物质资源，正在替代劳动，成为国民生产中"附加值"的源泉。**在信息社会中，信息资源成了社会的主要财富，知识创新成了社会发展的主要动力，情报源成了新的权力源。**信息资源的缺乏意味着远离创造财富的机会。在人们的经济行为中，信息、信息载体、信息管道的生产、占有和控制能力，成为获取、换得、分割社会财富的权力和实力。

战略至高点：
# 信息资源利用能力成为国家实力新标志

专家指出，信息革命不仅会改变生产过程，更重要的是，它将通过改变社会的通讯和传播结构而催生一个新时代、新社会。随着信息技术的普及，信息的获取将进一步实现民主化、平等化，这反映在社会政治关系和经济竞争上，也许会有新的形式和内容，而胜负则取决于谁享有信息资源优势。哪个国家、企业、组织和个人掌握了信息资源并充分利用，就能掌握战略主动，在竞争中脱颖而出。

**实物的积累、货币的积累，曾经成为过去时代国力的标志。而在信息时代，对数据的积累、加工和利用能力将成为国力的新标志。**一个国家如能充分掌握和利用信息资源优势，必将极大地提高综合国力，走在世界前列。

**西方发达国家已经认识到，一国最主要的资源是全社会可以共享的信息资源。**工业化提供的财富条件已经使社会将更高阶的关心推到了前台，人们的文化价值观念正在转向更强调社会资源、知识资源、政治资源以及人力资源。

近二十年来，世界各国对信息技术以及信息消费资料生产权、支配权（话语权）的竞争，成为国际斗争与较量的焦点。有网民认为，发达国家与发展中国家之间在知识产权保护上的纠纷，世界贸易组织的纠纷、通信卫星的竞争、多媒体互联网络技术信息高速公路的竞争，对高级计算机技术的控制，归根结底，都是出于对人们所需的信息消费资料的生产、加工、传输能力的占有和控制。**谁具有最强的信息生产、占有和控制能力，人们对其就具有最大的依赖，谁就能获得最大的经济利益。**犹如微软公司独霸了网络世界，全球手机市场是苹果公司的天下，**信息技术和产品的垄断是最大的垄断。**

在当代，所有的高资本、高科技都应用在如何增强信息的生产和控制能力上，信息的生产和控制能力成为人类进入工业化时代继资本、科技之后的新一代经济手段。信息生产成为二十世纪末崛起的新兴产业，成为新时代经济实力的新制高点。

2006年3月，为了加速推动人类迈步进入信息社会，第60届联合国大会通过第252号决议，确定自2006年开始，每年的5月17日为"世界信息社会日"。这标志着信息化对人类社会的影响进入了一个全新的阶段。加快信息化发展，加速推动"信息社会"建设，成为世界大多数国家的共同选择。各先进国家的信息化发展目标更加清晰，纷纷出台了拥抱互联网的宏大的计划和战略，以此作为国家强盛的战略重点和关键措施。

学者们指出，当今时代，国际博弈的时空概念打破了传统现实主义的地缘与物理意义上的框架，国与国之间权力竞争的频度不断加速。发达国家凭借自身的信息与创新优势再次获得对新兴国家、发展中国家的有利地位，信息继政治、经济、军事及话语霸权之后，再次成为强国与弱国之间实力差距的附加杠杆。正如美国未来学家托夫勒指出的那样，**当今世界，谁掌握了信息、控制了网络，谁就将拥有整个世界。**

从原子到比特：
## 美国高度重视信息传播和信息技术发展

当今世界，美国仍处于无可争议的霸主地位。而这一地位的取得，与美国高度重视信息生产传播、引领信息技术发展密切相关。

**近百年来，美国始终把信息（交流）传播放到"人类第一等重要地位"去认识。** 信息、信息交流的概念和方法等广泛地渗透到各个学科领域，人们也因此越来越认识到信息的极端重要性，认识到信息可以作为比物质和能源还要重要的资源而加以充分研究、利用和共享。二十世纪二三十年代的美国，除了很重视各种机制、科研发明等外，在政治与社会生活中还有着高度重视大众传媒的传统，在政治机制中大众媒介是与立法机构、政府机构互相制衡的力量之一，报纸曾被称为"第二国会"。人类的传播学率先从美国发展起来，一批传播学家分别从不同角度进行探索，并提出了各自的理论。

1964年，麦克卢汉划时代的伟大著作《理解媒介》横空出世。

这位传播学大师极富洞见地指出，媒介是人的延伸。麦克卢汉指出，信息媒介是人的感觉能力的延伸或扩展：印刷媒介是视觉的延伸，广播是听觉的延伸，电视则是视、听觉的综合延伸。每种媒介的使用都会改变人的感觉平衡状态，产生不同的心理作用和对外部世界的认识和反应方式。媒介，重建着人们的感知方式、思维方式和价值观，改变着人们的存在方式。麦克卢汉认为，正是来自世界各地的各种信息流，重组了我们的精神生活和情感生活，控制、塑造和改变着人们的组合方式和形态，引起了人间事物的尺度变化和模式变化。麦克卢汉预见到，信息交流传播事业的新发展将带领人类迈入一个崭新的时代，他将之称为"信息时代"。麦克卢汉指出，这个即将到来的新时代的变革的本质是：新媒介使变革甚至革命成为常态。他说，二百年前，摧毁旧政权的是思想和理论，如今，改变生活条件和基本态度的，就是包装了的信息。人们应该知道世界上一切文化的变化及其影响。

1983年，美国未来学大师约翰·奈斯比特发表了风靡世界的著作《大趋势》。奈斯比特指出：在旧的工业社会里，战略资源是资本，而在新的信息社会里，战略资源则是信息；信息是（新时代）经济、社会发展的最重要的资源和最重要的驱动力；在信息化的推动下，人类将进入一个飞速变化的世界。

1995年，美国未来学家尼葛洛庞帝的著作《数字化生存》问世，在全球掀起了互联网启蒙浪潮，这位"数字化之父"认为，**"社会的基本构成要素将由原子转变成比特"**（简单地说就是，信息资源比物质资源更为重要）。迅速铺开的高速互联网使得人类的信息交流传播比核辐射还要快，还要广，还要有穿透力，使得信息交流传播方式、集体话语方式、社交模式和名利场规则骤然改变，被众多意见领袖评为"巨变着的大时代的脉搏"和"媒介之王"。互联网早已超出科研、商业领域，成为全方位地推动整个时代发展的中坚力量。

2005年，托马斯·弗里德曼的精心之作《世界是平的》问世。他认为，互联网让人类快速迈入了从1492年哥伦布环球航行以来所进行的全球化进程的最高阶段——全球化3.0时代。"地球村"的实现使全世界的人可以空前地彼此接近，世界的格局骤然变平了，从沟通到实现，从设想到传播，一切都理所当然，如履平地。弗里德曼认识到信息产业和互联网发展蕴含的巨大能量：在因网络而紧密、方便的互联世界中，全球市场、劳动力和产品都可以被整个世界共享，一切都有可能通过最有效率和成本最低的方式实现。

**美国等西方国家早已意识到，信息技术的竞争实际上是国家之间的竞争，技术话语权决定了国家话语权。美国政府对推进信息革命更是不遗余力。**

1992年，美国副总统阿尔·戈尔和一部分美国国会参议员联名向国会提交了美国"信息高速公路"法案。他们认为，推动并引领互联网革命的发展，必须依靠"信息高速公路"的建设。科学家们通过测算指出，一套32卷的《大不列颠百科全书》，用普通计算机网络传输，约需13个小时，而通过以光纤为骨干的信息高速公路，则仅需4.7秒。这些倡议者认为："信息高速公路"将永远改变人们相互联系、沟通的方式，将完全改变人们的工作和生活方式，产生远比工业革命更为深刻、深远的影响。美国率先实施了信息高速公路计划，高速互联网使用者的数量急剧扩大，使得信息交流传播率先在美国真正发生了革命。愈来愈多的美国人得以便捷、高效地交流信息及共享海量的信息资源，这确保了美国在世界科技革命中的领导者地位，在全球率先全面步入信息社会。

1993年克林顿上台后，美国快速抓住信息技术革命带来的机会，开始大规模的经济结构调整，把高新技术作为美国经济结构的龙头，利用信息技术来加快对传统工业技术和农业技术的改造，进一步提升了美国的经济结构，使美国各主要产业在世界市场上的竞争力得以加强，为美国加强世界第一经济大国的地位奠定了基础。

2011年2月初，美国联邦政府发布《联邦云计算战略》白皮书，在全球第一个把云计算作为未来国家发展战略。在白皮书中，美联邦政府将明确度量云计算产生的效益、注意事项和选择条件；提供决策框架和应用案例，指导各部门向云平台迁移；进一步加强云计算设施的部署力度；制定联邦政府的行动计划，确定相关部门的职责，推动云计算的部署。2012年，美国联邦政府在发展云计算应用方面的开支达200亿美元，占美国联邦政府IT总开支的1/4。**这清楚表明，美国试图尽快掌握云计算核心技术和关键技术，继续控制云计算时代的话语权，再一次抢先实现经济结构的调整，成为世界经济发展的领导者。**

2012年3月29日，奥巴马政府宣布投资2亿美元启动"大数据研究和发展计划"，美国政府已经把"大数据"上升到了国家战略的层面。这不仅是一个推动美国继续在高技术领域领先的战略计划，更是一个推动美国社会经济发展的计划。**美国试图通过国家顶层推动，依靠大数据技术向更高的现代化水平的综合国力迈进。**

美国的经验告诉我们：重视信息、善于运用信息，就能掌握竞争发展的先机；引领信息技术发展，就能把握主动，立于不败之地。**当今时代，对信息主导权、信息技术垄断权的竞争，正在快速和残酷地进行，一步落后，步步落后，差距会越来越大。**

"新石油"：

## 所谓"第三次工业革命"的实质是信息革命

近年来，"第三次工业革命"的概念引起了各界广泛关注。不少学者和专家认为，第三次工业革命核心是信息革命。

杰里米·里夫金提出了第三次工业革命的概念。2012年4月21

日，《经济学人》专题讨论了第三次工业革命，并强调3D打印是第三次工业革命的核心推动力。第一次工业革命实现了机器生产对手工作坊的替代，第二次工业革命实现了规模化生产，而以3D打印为代表的数字化制造将推进新软件、新工艺、机器人和网络服务的普及，最终实现大规模定制化生产、分散式就近生产。在杰里米·里夫金看来，通信技术和能源技术的基础设施的变革是工业革命的主要推动力，并引发经济和社会的转型。互联网技术与可再生能源的结合，正在孕育第三次工业革命的基础设施——能源物联网。**无论是以智能电网为基础的能源物联网，还是以3D打印为基础的数字化制造，大数据都是以第三次工业革命的"新石油"形态存在。**可以想象，未来云计算、物联网和大数据将成为基础设施，移动互联网、触控电脑和3D打印技术将成为共性平台，App Store、数据分析和机器人等人工智能控制将成为服务手段。数据、信息和知识的"按需分配、恒值供给、多次挖掘"将成为新经济形态的不竭动力。

有国内学者认为："新一代信息技术向纵深拓展是'第三次工业革命'的核心本质。'第三次工业革命'是新一代信息技术向经济社会全面渗透、扩散的过程，这一过程不仅会推动一批新兴产业诞生与发展，还会导致社会生产方式、制造模式和全球产业组织模式等方面的重要变革，重塑世界经济地理和国家比较优势。"没有信息技术的发展就谈不上"第三次工业革命"的到来，美国启动的智能电网系统、3D打印技术、物联网营销模式等，均在借助信息的大容量存储、高速度传输、全覆盖网络等的科技发展。而信息技术革命驱动了能源应用创新、制造业变革以及基础材料细化等诸多生产方式的变革。

有学者指出，**工业革命里面可能有各种不同的阶段，早期的标志就是蒸汽机的发明，人类突破体力的限制，而信息革命则是把人的脑力发挥到极致，冲破脑力的极限**。物理世界和虚拟世界是分不开的，物质、能源、信息和通讯的发展应是相辅相成的。在物质的世界里，原子是一个基础的单位，它代表了能量。在信息世界里面，描述的单位是比特。比特描述了熵和信息，由此产生了通讯和网络。早期时，信息技术更多用于通讯，如电报、电话、无线电收音机、电视机等，后来又用于计算机和互联网。但那时比特还没有完全融入物理世界，两者基本上是平行发展，而现在双方融合已经开始，利用互联网，可以让整个社会的生产力提高，发现新能源，帮助提高能源利用率。目前，信息技术已经开始融入物理世界，物联网的发展就是明显的例子，它把互联网和物理的世界用传感器连在一起，改变了物流、制造、交通、能源等许多传统的行业。因此，新一轮的工业革命，一定是原子、比特和DNA的融合发展，即能源科学、信息科学、生命科学的共同发展，并将推动整个社会的大发展。能源是工业革命很重要的基础，而信息则代表了创造力。**信息革命是新一轮工业革命的骨架，更是它的灵魂，它支撑起整个能源的分配、生命科学的发展，并把虚**

拟世界和真实世界融通起来，使生产力有更新的飞跃和爆发。第三次工业革命更大意义上是信息革命，信息是最核心的东西。

第三次工业革命将给我们的生活和世界带来深刻影响。一是创新和人才变得更加重要。在第三次工业革命中，最重要的是创造力，而不是劳动力。大数据技术提升信息分析水平，是创新的不竭动力。二是人才、技术、制造、资源、信息等要素必将在全球范围内进行重新分配，形成新的产业链，全球化趋势将加速。甚至有人称，工业社会的庞大结构将解体，然后将集中进行调控，分散在各个销售市场进行生产，在经济全球化趋势推动下出现难以估量的跨国企业，并形成全球性的信息库和信息交换中心。三是信息融入各个产业，改变决策的方式、流程和整个社会形态，交通、电力、能源、建筑等领域都面临重大产业升级，微博、微信以及各种信息搜索工具的飞速发展，使人们获取信息和沟通的能力不断延伸，也会推动社会的开放、公平和民主，促进人类文明的进步。

工业4.0：

## 智能、网络化的市场和制造

"工业4.0"概念由德国业界最早提出。德国学者认为，工业1.0主要是机器制造，机械化生产；工业2.0是流水线，批量生产，标准化；工业3.0是高度自动化，无人化（少人化）生产；工业4.0是网络化生产，虚实融合。德国"工业4.0工作组"发表的题为《德国工业4.0战略计划实施建议》认为，在一个"智能、网络化的世界"里，物联网和服务网（The Internet of Things and Services）将渗透到所有的关键领域。智能电网将能源供应领域、可持续移动通信战略领域（智能移动、智能物流），以及医疗智能健康领域融合。在整个制造领域中，信息化、自动化、数字化贯穿整个产品生命周期、端到端工程、横向集成（协调各部门间的关系），成为工业化第四阶段的引领者，也即"工业4.0"。根据德国工业4.0的描述，智能工厂中，自动化机器将成为生产重点。跨领域的知识将对未来产品的设计、运行和生产起到重要作用，服务和软件行业将会得到大发展。

德国认识到，工业3.0时期，全球信息产业蓬勃发展，但欧洲企业节节败退。美国是工业3.0时代的集大成者，工业3.0是信息技术革命，美国在这方面遥遥领先全球。不仅是德国，整个欧洲都丧失了全球信息通信产业发展的机遇。当前，美国的互联网以及ICT（Information and Communication Technology）巨头与传统制造业领导厂商携手，通用电气、思科、IBM、AT&T、英特尔等80多家企业成立了工业互联网联盟，正重新定义制造业的未来，并在技术、标准、产业化等方面作出一系列前瞻性布局，工业互联网正成为美国先进制造伙伴计划的重要任务之一。欧洲及德国对新兴产业创新能力及对未来发展前景表现出了一种深深的忧虑。

有评论指出，德国推出工业4.0国家战略计划，希望阻止信息技术对制造业的支配地位。一旦制造业各个环节都被云计算接管，那么美国就是最大的赢家。德国电信副总裁莱昂贝格尔称，**假如汽车制造商不能掌握这些核心数据，那么谷歌就会成为赢家，云端平台和云包社区将使工厂沦为信息的附庸。**

为了避免被美国阻截性超车，德国正在全力以赴。德国将工业4.0纳入《高技术战略2020》中，而且正计划制订推进工业4.0的相关法律，把工业4.0从一项产业政策上升为国家法律。

德国业界认为，要用"信息物理系统"使生产设备获得智能，使工厂成为一个实现自律分散型系统的"智能工厂"，那时，云计算不过是制造业中的一个使用对象，不会成为掌控生产制造的中枢所在。

而专家们普遍感兴趣的是，工业4.0可以实现"定制化生产"，并且定制周期简短，生产方便快捷。比如，在未来，香水可以按照顾客的性格来调制，吃药是按照患者的基因去配方……这就满足了当今人们对于多元化、个体化产品的追求。因为生产的定制化和多元化，工业4.0将产生海量数据，以德国安贝格工厂为例，其生产线上的在线监测节点超过1000个，每天采集数据逾5000万个。

有网民指出，工业4.0的所有问题，可以归结为三个问题：第一，满足定制化生产的机器设备很重要；第二，能够使这种机器具备自我完善的系统更重要；第三，谁能监测并追踪这些数据，然后归纳和分析，谁就掌握了世界脉搏。这些海量数据终究归属于谁？这将是决定未来世界格局的关键问题。

2013年3月28日，国家主席习近平访问德国时在《法兰克福汇报》发表署名文章说，**当前全球新一轮科技和产业革命呼之欲出，世界各国争相调整、适应，抓紧实施必要改革。其中，便重点提到德国工业4.0战略。**

学者们认为，全球金融危机后，中国制造业在全球范围内的竞争力下降。如何将中国制造转变为中国创造，提升全球竞争力，成为中国政府、企业的首要任务。除了制定中国制造业未来十年的顶层规划和路线图——"中国制造2025"，中国也需要向德国工业4.0学习。

## 【名词解释】

**3D打印**：3D打印机是可以"打印"出真实的3D物体的一种设备。3D打印是快速成型技术的一种，通常是采用数字技术材料打印机来实现的，它是以数字模型文件为基础，运用粉末状金属或塑料等可黏合材料，通过逐层打印的方式来构造物体的技术。3D打印常在模具制造、工业设计等领域被用于制造模型，后逐渐用于一些产品的直接制造。该技术在珠宝、鞋类、工业设计、建筑、工程和施工（AEC）、汽车、航空航天、牙科和医疗产业、教育、地理信息系统、土木工程、枪支以及其他领域都有所应用。

**能源物联网**：根据环境、设备状态智能感知，通过自适应调控电机、照明设备的电源及工作状态，达到有效节电的目的。关键技术包括传感网技术、通用节电模型库技术、智能人机交互配置技术、节电控制网关技术。

第四讲

# 信息化与全球化的融合与推进

信息技术发展不仅改变了人们的生产方式和生活方式，并在更高层面上加快了全球化进程，推动人类一体化发展。伴随着信息技术的冲击，人类的全球性依存关系正在影响和改变着国际政治过程和经济文化关系，并将引导人类历史向着无法预料的方向发展。尽管国家间的博弈竞争更加激烈，随着互联网对人类生活的全面覆盖，人类走向"天下大同"的一体化图景也更加清晰。

当今世界，信息化与市场化、城市化、工业化、全球化紧密地交织在一起，形成了相互影响、相互推进的复合进程。

一些学者指出，全球化是世界观、产品、思想、其他文化因素相互交流导致的全球整合过程，通常被认为是政治实体、经济关系、计算机网络的互联性，交通，包括电讯与互联网在内的通讯基础设施的发展，是全球化的主要因素，并产生了经济与文化活动的相互依赖、相互渗透。2000年国际货币基金组织认定全球化的四个方面：贸易和交易、资本和投资活动、迁移和人的流动、知识的传播。

产业融合：

## 全球经济成为一个整体

一些经济学家认为，世界经济的国际化进程经历了三个阶段：第一阶段为商品国际化阶段。二十世纪下半叶，世界贸易始终保持长盛不衰的增长势头，到1990年为止，世界贸易在世界国民生产总值中的比重就已达到15%，之后便以更快的速度向前发展。第二阶段为资本国际化阶段。美国是世界上最大的资本输出国，1993年美国对外投资达1300亿美元，是1980年130亿美元的10倍。国际资本流动的增长远远超过了国际贸易的增长，显示出金融全球化的趋势。第三阶段为生产国际化阶段。其重要特征是跨国公司取代民族经济和国家经济成为国际经济的主体。到目前为止，全球四万余家跨国公司已经控制了世界生产的40%，世界技术贸易的60～70%，国际贸易量的50～60%，国际投资的90%，他们把整个世界看作是自己的生产车间和销售市场，并由此推动了各国间的生产、资本、商品、服务、技术和劳动力的广泛交流。

二十世纪下半叶计算机革命爆发以来，经济全球化进程明显加速。**信息化成为全球性、全局性、战略性的变革力量。**现代信息技术使各种信息活动的全球化成为可能，而且在速度、数量、质量、互动、成本等方面具有极大的优势。信息技术的发展加强了世界各个国家与地区之间的联系，全球已经形成了一个由资本、金融、信息、技术构成的相互依赖的网络。现在，只要接上了互联网，就可以轻而易举地在全球范围接收、发送、交流各种信息。信息技术的发展正在取消时间和距离的概念，大大加速了全球化的进程。**美国的互联网公司从成立的第一天就定位为一家"为全球用户服务的公司"，因为互联网本身并没有边界。**

信息化通过促进交通运输的全球化而促进其他方面的全球化。交通运输高度依靠发达的交通设施、先进的交通工具和有效的运营调度。交通运输的调度和管理完全是一种信息活动。信息化对调度工作的积极作用极大地促进了交通运输的全球化。信息技术的全球化，推动着市场和生产中心的全球化、传播和电讯网的全球化、资产的全球化、企业组织的全球化以及商业竞争的全球化等，同时必将引起国家之间、企业之间经济关系和政治格局的变化。

有学者提出，借助于信息技术和交通技术的帮助，全球经济将成为一个不可分割的整体。

国际性产业结构调整成为全球性趋势，促进了新经济秩序的出现和世界经济发展中心的转移。信息化和经济全球化深度融合、互动发展。经济全球化创造了信息技术发展的巨大需求，为信息化的发展提供了动力，而信息化则为经济全球化向更高层次发展提供了一个从理念、技术到交往方式都完全不同于以往的内外环境。信息化引起经济发展方式变革，提供了一条高技术、高效率、高附加值却几乎不增加污染的可持续发展道路。

**全球化、信息化最终产生了两个核心结果：信息产业化、产业信息化，并进而引发整个产业体系结构的历史性、颠覆性变革——产业融合。** 产业融合通常是指不同产业或同一产业不同行业相互渗透、相互交叉，最终融合为一体，逐步形成新产业的动态发展过程，表现为产业边界的模糊与逐步消失，具体来说，即技术边界、业务边界、产品边界、市场边界四个方面边界的模糊与消失。

相互依存：

# 政治社会文化全球性依存关系正在形成

著名学者弗里德曼认为，信息化、全球化"重新定义了产业、政治、文化，或许还有社会秩序的主流规则"。由于信息和信息技术的巨大作用，政治、经济、文化等各方面的全球化已经成为不可避免的现实和趋势。国际社会信息化正在成为历史趋势，使得国家和人民在政治、经济和文化的各个方面都更加相互依存。互联网、电缆和卫星广播传送、蜂窝电话等信息传输技术的运用，正在使信息传播模式从一对多的广播模式（如传统的广播和电视节目）向多对多的互动传播模式转变，这些新型的传播模式使得人们能够轻易地冲破国家之间的藩篱进行沟通和协作，再加上目前在国家或地区之间的经济、社会、外交、军事等领域的互动中，人们在越来越多地利用新兴的信息基础设施，这些都导致当今世界逐渐形成了一个关联密切的联合体。在信息技术革命强大的内在逻辑力量作用下，传统的以地理为界限的国家边界变得更加容易被穿透，因而日益显得模糊，国家的外部事务往往很难被抵挡在边界范围以外，而内部事务也很难仅仅局限在一国边界之内，国家间的相互影响程度越来越高。随着各国全球化程度的加深，国内与国际两个局面的互动更为紧密、频繁，导致了信息时代国内问题的"国际化"以及国际问题的"国内化"，产生了越来越多的全球性问题和全球风险，国家间的竞争更为全面激烈。一些学者指出，伴随着信息技术的冲击，这种全球性依存关系正在影响和改变着国际政治过程和经济文化关系，并将引导人类历史向着未曾预料的方向发展。

## 信息战争：
## 国家博弈竞争更加激烈

信息化和全球化的紧密结合，导致信息爆炸和"信息流"在全球范围内的快速传播，民族国家之间的 "控制边界"在信息流的冲击下显得七零八落，各国对虚拟空间的争夺日趋激烈。一些发达国家为谋取自身利益，通过文化娱乐、知识或金融经济、政治价值等信息渗透，试图在全球范围内打造"信息无边界国家"，向全世界输送和传播带有特定意识形态特征的各种信息。信息全球化的趋势必然导致国家之间展开信息技术争夺战，这个战争涉及的层面很多，内容也很广。硬件方面包括终端设备、计算机、网络设备等；基础软件方面包括操作系统、数据库、软件开发工具等；应用服务软件品种繁多，变化无穷，是最有想象空间的部分，也是竞争的焦点。

超级凝聚剂：

# 人类一体化的前景更加清晰

随着因特网的发展和全球通信卫星网的建立，国家概念将受到冲击，各网络之间可以不考虑地理上的联系而重新组合在一起。我们居住的地球，不仅仅是现实社会，也是虚拟社会，被互联网所覆盖。为了让散布在全球的几十亿人大幅度跨越时空障碍，在同一个平台便捷高效地、最广泛、最充分、最深入地进行文化、科学、思想、智慧的大交流、大碰撞，开展更高效的劳动协作和社会协作，实现情感的更紧密联结，共同应对人类面临的各种风险和挑战，一些学者和国际企业提出了智慧地球的概念。智慧地球的实现将使人们的观念发生重大改变。人们将认识到人类是地球的一部分，人和万物是一个和谐共存的整体，应该放弃以自我为中心的观念，并将道德规范作为人们生活行为的重要准则。

互联网如同一种超级凝聚剂，不仅能高效地促进国家民族内部的团结统一，更能消弭文化、思想、信仰差异，更有效地融合世界各不同民族、不同地区、不同肤色、不同宗教、不同信仰的族群，走向"天下大同"。因为互联网，全球几十亿人首次联结在一起，所有社会精英与最广大的普通民众网聚在一起，散布在全球的智慧、情感和力量能够跨越组织、阶层、国家、民族、宗教、信仰等传统藩篱，网

**聚起来形成有史以来最强大的力量。** 在信息大爆炸面前，在互联网的联结下，人类渐次展开的各种超大规模的协作和联结将快速、彻底地改变世界的一切，远远超越人类累次信息革命和科技革命的成效，人类文明发展进入了一个全新的境界。人类或许能进入一个更加高尚的社会，在这个社会机制里，人们相互尊重、相互理解、相互协作，也相互制约，不仅共同掌握信息，同时也共同享用资源和分配利益，最重要的是，能够共同创造美好的未来。

第五讲

# 网络空间的博弈

　　网络空间是现实世界的集中反映。与历次人类活动空间拓展相类似，网络空间的出现已经使国家利益在政治、经济、军事和文化等方面发生了新的变迁。信息社会的到来，需要对国家主权和安全进行新的认识。维护互联网主权仍是信息时代任何一个国家都必须面对的重大问题，它已经成为国家主权的重要组成部分。

　　互联网正在改变世界的政治、经济、社会秩序和文化观念。谁掌握了信息、控制了网络，谁将拥有整个世界。

全球新公域：

# 网络空间与信息主权

信息技术的发展使主权国家在领土、领海和领空之上，诞生了一个全新的"第四空间"，即网络空间。这个由计算机、卫星、缆线、各种信息终端连接而成的网络，将政治、军事、商贸、金融、交通等各行各业，政府、非政府组织、企业与个人等各类主体连接在一起，由此成为当今世界、主权国家赖以正常运转的"神经系统"。网络空间是现实世界的集中反映。互联网的发展，信息社会的形成，导致民众与机器、群体与国家、信息与权力、数字流与世界政治等诸多关系之间的对抗或共谋，出现了新的博弈空间，政治、经济、科学、文化、商业、军事信息的交汇与转移，形成更广维度的新权力结构。现实世界中经济、政治、军事、社会等资源竞争，逐渐数字化为以信息为中心的实力竞争。

历史表明，每一种新空间的拓展总是以一定国家利益的拓展为先导，随之而来的则是基于实力的竞争引发的国家主权的变化。与历次人类活动空间拓展相类似，网络空间的出现已经使国家利益在政治、经济、军事和文化等方面发生了新的变迁。

信息社会的到来，需要对国家主权和安全进行新的认识。**在现实世界中，国家主权包括政治主权、经济主权、文化主权以及信息主权等，这些不仅可以在网络空间中找到映像，而且互联网扩展了国家主权的内涵。**

互联网主权主要表现为网络信息主权。互联网主权有别于传统的国家主权形式，其最大不同之处在于作用的客体是虚拟的，是以信息形式出现的。随着全球网络的普及，传统的国界概念逐渐趋于淡化。由科技、政治、外交、军事等各个领域的信息组成的信息边界作为一种无形的、划分各个国家或政治团体信息疆域的不规则界线，**它不以传统的地缘、领土、领空、领海，甚至领天来划分，而是以带有政治影响力的信息辐射空间来划分。**

互联网信息主权关系着一个民族或一个国家的兴亡。维护互联网主权仍是信息时代任何一个国家都必须面对的重大问题，它已经成为国家主权的重要组成部分。

近年来，世界强国高度重视网络空间这一新兴全球公域，围绕网络空间发展权、主导权和控制权展开激烈角逐。**各国均将互联网战略升级为囊括现实世界所有安全元素的顶层设计战略。**美国声称要像拥有核优势那样拥有对网络空间的控制，奥巴马政府把扩大网络空间优势作为巩固美国"全球领导地位"的重要举措。在美国的带动、刺激下，俄、英、法、印、日、德、韩等国纷纷跟进，将网络空间安全提升至国家战略层面，全面推进相关制度创设、力量创建和技术创新，试图在塑造全球网络空间新格局进程中抢占有利位置。

美国高度重视网络空间战略，把网络空间视为二十一世纪维护和巩固美国全球霸权必须重点掌控的新兴领域。2011年5月，白宫发布首份关于全球网络空间建设的纲领性文件——《网络空间国际战略》，提出建设未来网络空间的总体目标，即"建立一个开放、共享、安全和可靠的网络世界，以支持国际商业贸易，加强全球安全，促进言论自由和技术创新"；提出尊重基本自由，尊重知识产权，保护互联网用户隐私，打击网络犯罪，针对网络入侵进行自卫，加强合作与互联网的互操作，保证信息在国内与国际网络内的自由流通，保证个人接入互联网和获取相关网络技术，各国对互联网实施共管共治，各国确保国家信息基础设施不受侵害等网络空间十大行为规则；提出国内加强政府、军队和私营部门之间的合作，国际上加强双边、多边合作，强化包括国际组织在内的各利益攸关方的关系，共同营造有利的网络空间环境，抵制、威慑和劝阻破坏网络空间的行为，保留在必要时使用武力等一切手段的权利。**这一战略凸显了美国谋求全球网络空间霸权的意图，企图通过主导制定网络空间国际规则来控制国际网络事务，把其他国家网络空间政策纳入美国的轨道。**

德国作为欧洲第一大经济体和欧盟的领头羊，也把信息化发展作为国家重要战略。1999年德国政府制定了"德国二十一世纪的信息社会"的行动计划（D21），推进信息技术在教育领域和工业部门中的应用。2011年，出台了"德国网络安全战略"，旨在加强保护德国信息技术系统及基础设施。2013年，德国联邦教研部与联邦经济技术部又推出了《高技术战略2020》的报告，旨在通过充分利用信息通讯技术和网络物理系统等手段，将制造业向智能化转型。在维护个人和国家网络安全方面，德国政府在2009年专门修订了《联邦数据保护法》，对个人信息的合法获取、处理和使用情况作出法律上的明确规定。

法国政府2011年制定了"数字法国2020"的战略规划，将信息化建设目标定位于发展固定和移动宽带、推广数字化应用和服务以及扶持电子信息企业的发展，为法国信息化发展创建了一个良好的政策环境，力争在未来几年将信息产业发展成为法国提高竞争力、促进发展和增加就业的第一动力。在网络空间立法方面，法国在2006年通过了《信息社会法案》，旨在加强对互联网的"共同调控"，保护国家和个人的网络安全。在引进科技人才方面，2013年法国政府推出"人才通行签证"计划，将科技人才作为重要的引进目标，以此助推法国的网络人才队伍的培养。

放眼未来，网络空间国际战略竞争影响深远，堪比十九世纪的海洋竞争、二十世纪五十年代的核竞争和八十年代的空间竞争，在很大程度上决定着二十一世纪国际战略力量的消长和大国的兴衰。

你的力量在"云"里：

## 控制了网络，就拥有了整个世界

美国前总统克林顿曾说过：今后，控制世界的国家将不是靠军事，而是靠信息能力。互联网正在改变世界的政治、经济、社会秩序和文化观念，美国未来学家托夫勒曾预言，谁掌握了信息、控制了网络，谁将拥有整个世界。

从政治和社会管理角度看，互联网推动了全球化一体化进程，增强了各国间的相互渗透和相互依存，使国家与国家之间、国家与国际组织之间形成了纵横交错的紧密关系，国家政治主权逐渐向内部和外部扩散。互联网为国家宣传其社会制度、意识形态、价值观念提供了一个新平台，同时为国家之外行为体从事政治、经济、文化等行为提供了便利，某些行为体可以利用影视、广告、游戏等在线传播方式，进行文化、价值观、政治理念渗透，从而对国家主权进行侵蚀。2011年，包括中东、北非、欧美在内的不少国家都经历了不同程度的社会骚乱、革命，甚至战争。多国的社会混乱与各自的发展困境有关，然而，其社会混乱中隐藏着共有的新互联网技术变量，即社交媒体推波助澜的作用及其对整个世界政治的潜在影响力，引起了各国广泛的注意。特别是在突尼斯、埃及等国剧变过程中，社交媒体在对民众上街中起到的情绪串联、群体协商、网络鼓动、政治发起等助推甚至源起作用不容小觑，社会抱怨与不满在互联网世界的聚合、统筹与释放，再转化为街头政治、广场政治或舆论政治，最终形成了冲击旧有治理秩序的巨大力量。

互联网时代的国家安全概念发生了重大变化，非传统安全的挑战以越来越多的形式出现，国家不再是唯一具有强大跨境攻击能力的国际行为体，跨国公司、非政府组织、恐怖组织和犯罪集团乃至个人越来越频繁地成为与国家乃至整个世界抗衡的力量，像维基解密那样冲击世界政治的"一个人的战争"在未来不再是罕见事件。**当今世界不仅需要防范"大规模杀伤性武器"，而且也要防范来自网络的"大规模破坏性武器"——个人或有组织的黑客可以在世界某个角落发动一场灾难性网络攻击。**

托夫勒在《力量转移》一书中说：在高技术民主社会所面临的那些即将到来的政治危机中，所有各方都将运用"信息手法"，也就是通过操纵信息来影响对方的决策和决策的实施，影响对方人民和决策者的沟通，从而破坏对方的政治稳定以实现自己的政治目的。

约瑟夫·奈指出，传统观念认为那些拥有最强大军事力量的国家将夺得优势，但在信息时代，真正的赢家是那些最会"讲故事"的国家（或非国家组织）。"第三次工业革命"的信息化浪潮，将导致创造、处理、发射和搜索所有信息的成本急速下降，意味着国际政治将不再是政府的专利。随着电脑和通信成本的下降，门槛也不断降低，包括企业、非政府组织以至恐怖分子在内的个人和私人组织也都因此被赋予了直接参与国际政治的权力。信息的传播意味着权力将被更为广泛地分配，而非正式网络将削弱传统官僚组织的垄断。

还有学者指出，互联网的发展导致富人、精英、权贵影响与参与政治的权力，与平民影响与参与政治的权力呈现扁平化的趋势。这种扁平化推动了社会选择权与黏性，加强了民主表达与监督，加速了政府与社会的互动，但也潜藏着各类以民粹主义为特征的舆论审判、群体非理性、网络对抗及政治动员。

从经济上看，信息网络渗入经济领域对于经济的深远影响足以同工业革命带来的社会变化相匹敌，促使经济关系发生了革命性的变革。金融机构、保险公司、银行、股票交易所通过信息网络系统连接起来，资本在数量和价值上得到指数级扩展，互联网开始逐步渗入国民经济的更深层次和更宽领域。**有关资料表明，现代经济的发展与增长，40%来源于信息产业。高度发达的信息网络将成为国家经济发展的重要推动力。**特别是互联网催生了经济的网络化和商务的电子化，虚拟经济的出现大大加速了经济的运行速率，扩展了经济的运行规模，加快了经济全球化的步伐，世界经济以前所未有的速率和规模融为一体。虚拟经济具有交易的快速性和隐蔽性，可以在瞬间将数以亿计甚至更大规模的资金或者虚拟商品跨越国界进行传输。金融和经济交易的虚拟化、网络化成为当今世界无法避免的客观现实，是一种潮流和发展趋势。当今世界，信息不仅是重要的经济资源，同时也是国家的战略资源，资金自由流动与信息自由流动密切交织，由于存在着技术、意识形态、组织管理乃至国家战略等诸多障碍，也会导致传统意义上的国家对产业的控制和主导减弱，金融大亨可以较为便利地在国际金融市场上游走，伺机攻击一些国家的金融市场以牟取暴利。

从军事上看，网络改变了战争生态。网络时代的国家安全和战争胜负将越来越取决于网络控制权，无论是制陆权、制海权、制空权还是制天权，其实现都以信息网络控制权为基本前提。信息网络技术已经成为现代军队C4ISR系统的基础。信息网络如同人的神经系统一样延伸至军队各个级别的作战单位，这使得围绕制网权的网络对抗在军队作战行动中的重要性大大增加。美国前参联会副主席欧文斯上将称："未来军事优势的基础是由支系统组成的大系统，这个大系统基本是一个军事联合体。"这正如梅特卡夫所言，**"网络的价值等于结点数目的平方。"** 你不需要很强大，你的力量在"云"里。在伊拉克战争中，美军以更小、更独立的单位，成零散状部署在由侦察、预警、指挥、控制系统生成的"云"里，所有单位都掌握相互的位置信息和面临态势，一旦某个单位遇袭，附近的其他单位就迅速赶来增援，像"蜂群"似的从四面八方向敌人发起攻击。云计算时代的战争，从单兵到武器平台，就其重要性而言是平等的，战场更加透明，战斗更加关联，协同更加便利，自主式作战将成为可能，谁都可能是战斗员，谁都可能是指挥员，关键是你在"云"里。云计算时代，时间概念将更加细微，战争中的瞬间突变性将明显增强，在时间竞赛之中，云计算将使得战争中OODA循环（观察、判断、决策、行动）对抗的节奏大大加快。谁能有效开发利用"云"的工具，分布好"云"的结构，发挥好"云"的作用，谁就能在对抗中抢占先机。从技术层面看，随着高技术兵器不断出现，"天军""天战"和深海或海底作战，机器人装备部队，智能机器人参战，使战争转入信息大战。这一发展趋势，深刻改变了传统的战争样式与战略战术，急速地催化新的军事理论的创新。通晓以信息理论和技术为先导的现代科学知识和技术应用，将是驾驭高技术战争走向胜利的关键因素。

## 便车不是好搭的：
## 控制网络成为美国巩固世界霸权的新选择

互联网最早由美国高校开发、军方拓展，成型成势之后，美国鼓励世界信息化、网络化，放手让别国长期搭美国网络的便车。这就如美元主导的国际金融体系，以及美国的相关技术专利与产业标准体系，都曾近乎免费地供他国使用，一旦相关国家、经济主体对该体系产生依赖，美国便利用这种依赖获取霸权收益，并使别国处于依附地位。因此，控制网络就成为美国巩固霸权地位的新选择。

近十年来，随着信息科技的发展，美国加紧布局和构建网络空间战略体系。早在2003年，美国就发布了《网络空间安全国家战略》，把网络空间安全提到国家安全的高度；2006年发布《联邦网络空间安全及信息保护研究与发展计划》，确定了14个技术优先研究领域；2008年以第54号总统令的形式，出台了被称为信息安全"曼哈顿"计划的《国家网络安全综合计划》，依据这一战略文件，在白宫设立网络安全协调官，组建网络安全办公室；2010年发布《美国国土安全部科学技术发展重点》，将网络安全技术排在12项重点技术的首位；2011年5月16日，美国白宫、国防部、国务院、国土安全部、商务部、司法部联合发布《网络空间国际战略》，从国家顶层设计的高度阐释美国在互联网空间进行的政治、经济、安全、司法、军事等领域的国际安全战略调适。在此报告中，美国力推在互联网领域有利于美国利益的"互联网自由"，使"网络主权"和"信息边疆"的概念成为各国舆论与学界热议的话题。该报告从作战概念、防御策略、国内协作、国际联盟以及人才培养和技术创新等五个方面明确了美军网络空间行动的方向和准则。这表明，**美国已基本形成包括国家和军队两个层次的网络空间战略体系，对网络空间力量发展和运用的顶层设计、统筹规划已基本到位。**

美国将发展网络空间作战能力作为继续保持强大军力优势的重大

战略举措。美国防部2010年颁布的《四年防务评估报告》，将"有效遂行网络空间作战"列为军力发展的五大任务之一，强调从制定更加全面的网络空间作战行动方法、深度开发网络专业技术与知识、统一行使网络空间行动指挥权、加强国内国际合作等方面着手，加紧提升网络空间行动能力。2011年美发布的《国家军事战略报告》，首次将应对网络安全威胁单列为一项重要的军事战略任务，要求"联合部队能够确保军事网络的安全，具备探测、威慑、阻止和多层防御功能"。2012年美新防务战略指南文件，也将网络空间能力列为优先发展、重点保障的六大能力之一。美军早在二十世纪九十年代就着手开始发展网络空间作战专业力量，1995年美国防大学培养出16名第一代"网络战士"，1996年美海军组建网络战司令部，1999年美空军航天司令部组建网络特遣部队，2004年美国防部组建网络攻击支援参谋处，2007年美空军组建网络空间司令部，2009年美军在战略司令部之下组建网络空间司令部，负责加强对各军种网络作战力量的统一筹划和指挥。目前，美军网络空间作战相关力量约有8～9万人，有1.5万个计算机网络连接着全球4000多个军事设施。美军计划建立全面的网络防御体系，到2020年形成目标网络侦察、网络攻击效能评估和灵活的计算机网络攻击能力。就在"棱镜门"曝光后，美军参谋长联席会议主席邓普西表示，为强化美国对网络攻击的防御能力，计划把网络战司令部在今后四年扩编4000人，为此将投入230亿美元。

美国拥有最强大、最先进的网络进攻能力。据信息安全公司赛门铁克(Symantec)2006年的数据，全球33％的黑客攻击源自美国，46％的"钓鱼"网页设在美国，44％的垃圾邮件发自美国。美国实际可以制导网络信息，并拥有多种网络武器：在软杀伤方面，已研制出数以千计的"蠕虫"、"特洛伊木马"、"逻辑炸弹"、"陷阱门"等2000多种计算机病毒武器，正着手研发"网络飞行器"、"数字大炮"、"舒特系统"等新型网络攻击武器；在硬杀伤方面，正在或已研制出电磁脉冲弹以及次声波、激光反卫星、高功率微波等武器，可对他国网络的物理载体进行攻击。美国大力发展"国家网络靶场"、"网络空间安全数据中心"等网战项目，并开展多层次、多方式的网络攻防对抗系列演习，检验应对潜在网络攻击的准备、防护及响应能力，加快提升部队网络对抗实战能力。

美国凭借在技术标准、基础设施、IP资源、域名解析等方面的垄断优势，取得了显著的网络主导权，并力图继续保有网络空间技术领先优势。**全球网络空间的核心信息技术、关键基础设施以及国际互联网的技术体制和运行管理，均被美国等西方国家所掌控。**美国IT巨头如思科的交换机、英特尔的处理器、微软的视窗、谷歌的搜索引擎等在全球占据垄断地位，全球中央处理器产量的92％、基础软件的86％源自美国。互联网13台根服务器有10台在美国。自1998年以来，一直由美国互联网名称与数字地址分配机构（ICANN）实行部分技术性管理。2006年美国政府宣布无限期保留对负责控制互联网流量的主要计算机的监控权。美国控制着全球主机注册、地址分发和解析任务，实际上把持着国际互联网的主动脉。从技术上讲，某国域名后缀若从根服务器中被封或被删，该国便在互联网世界中消失。伊拉克、利比亚等国都曾遭遇"被抹掉"的命运。此外，美国还拥有社交网站推特、脸谱、网络电话Skype等"极为重要的战略资产"（美国前国防部长盖茨语）。在"智慧地球"、"数字城市"等信息化口号下，近些年一些美国公司已全面渗透到一些发展中国家的电信、金融、石油、物流等关键网络基础设施，掌控这些国家的经济神经中枢，对其经济安全构成威胁。美国的网络优势是全方位的，他国难以望其项背。

**美国是世界上网络战实战能力最强的国家。今天的网络战不再是一般的概念战、口水战，而是实实在在的战争。**美国多年来已将网络攻防能力不断用于实战。2001年美军开始研究"舒特"项目，利用无线方式入侵对手信息网络，通过虚假欺骗信息扰乱对手，甚至予以接管控制，此后多次投入实战。2007年以色列攻击叙利亚核设施的"果园行动"，以及2011年利比亚战争，"舒特"均发挥了重要作用，成功入侵对手信息网络。2009年6月，美国利用推特、You Tube等网络工具干预伊朗大选，一度造成伊朗局势动荡；2010年9月，美国利用"震网"病毒攻击伊朗布什尔核电站等五个关键工业设施；在2011年西亚北非政治动荡中，美国借助推特、脸谱等网络工具煽风点火，推波助澜。

目前美国正在研究全球互联网搭建技术，以形成一个由美国主导和掌控的网络世界。2014年3月、4月，美国脸谱公司、谷歌公司先后收购了太阳能无人飞行器研究企业。**他们企图通过大量强力续航的太阳能无人飞机携带通信设备在高空持续飞行，构建一个覆盖全球的无线通信网络。**谷歌之前用热气球"散播"无线网络信号的"潜鸟计划"，也是基于同样的技术考量。此次谷歌收购的泰坦公司拟推出的太阳能无人飞机，设计飞行航程450万公里，在载重113千克的情况下，机载通信设备信号覆盖半径可达80公里（即覆盖1.68万平方公里的地球表面），通信能力超过100个地基信号站。随着技术的进一步发展，载重量的提高，信号强度的增强，覆盖面积将进一步增大，对各国的网络监管带来巨大冲击。

【名词解释】

**舒特系统**：是BAE系统公司开发的军用计算机系统，负责攻击敌方计算机网络和通信系统。该项目由美国空军的一个秘密部门"Big Safari"负责管理。舒特系统的概念开始于二十世纪九十年代末，它作为全球作战计划的一部分，提供了全球化的电子进攻能力。该系统的建立是为了适应新的空军赛博司令部的需求。它被设计用来限制对手在网络空间的行动自由。

目前，舒特系统已经是第五代了，它在电子频谱和网络域中进行电子攻击，如侵入和黑客手段，一系列的攻击，否认、迷惑和拒绝攻击。美国空军赛博司令部在全球和局部战场中实现和使用这些网络攻击，并为战区司令部雇用赛博战专家团队。每个团队包括攻击黑客、系统安全性分析师和情报收集者。团队同时帮助和完成防御以保护信息空间，并寻找漏洞和拒绝敌人使用该领域。

舒特系统在战术层面提供一致和实时的赛博空间景象。它集中管理和控制对入侵网络的分析和进攻，为赛博武器寻找对方的漏洞。通过对特定网络或网络组件的监视和标示，舒特系统能评估和确认在关键组件上的活跃或非活跃攻击，如模拟或评估某个特定节点的摧毁对整个网络的影响，或者为渗透打开漏洞。攻击小组使用一系列建模技术来刻画目标网络的动态状态和模型，以期在攻击开始前获得明确攻击的后果。

舒特系统能控制电子和网络攻击装备，开展追踪移动和实时网络攻击，同时开展活动攻击、情报、监视和侦察作战。

**赛博空间**（Cyberspace）：是哲学和计算机领域中的一个抽象概念，指在计算机以及计算机网络里的虚拟现实。赛博空间一词是控制论（cybernetics）和空间（space）两个词的组合，是由居住在加拿大的科幻小说作家威廉·吉布森在1982年发表于OMNI杂志的短篇小说《融化的铬合金（Burning Chrome）》中首次创造出来，并在后来的小说《神经漫游者（Neuromancer）》中被普及。

"赛博空间"的本义是指以计算机技术、现代通信网络技术，甚至还包括虚拟现实技术等信息技术的综合运用为基础，以知识和信息为内容的新型空间。这是人类用知识创造的人工世界，一种用于知识交流的虚拟空间。赛博空间的出现为经济研究提供了虚拟现实模拟的可能，加快了以信息生产、分配、使用为基础的知识经济的发展。

"赛博空间"理论最早由美国科学家提出，实质就是指网络电磁空间。进入二十一世纪，随着网络以指数速度渗透到社会生活的各个角落，并创造出人类活动的第五维空间——网络电磁空间，传统的战争形态及战争观由此发生了急剧变化。进入二十一世纪，美国政府和军队把"赛博空间"纳入视野，不断深化认识和理解，认为"赛博空间"是信息环境中的一个全球域，由相互关联的信息技术基础设施网络构成，这些网络包括国际互联网、电信网、计算机系统以及嵌入式处理器和控制器。"赛博空间"通常还包括影响人们交流的虚拟心理环境的基本定义。

有专家认为，网络电磁空间以自然存在的电磁能为承载体，以人造的网络为平台，以信息控制为目的。它通过网络将信息渗透、充斥到陆、海、空、天实体空间，依托电磁信号，传递无形信息，控制实体行为，从而构成实体层、电磁层、虚拟层相互贯通的、无所不在、无所不控、虚实结合、多域融合的复杂空间。

第六讲

# "话语权"与舆论战

在当今信息时代，一个国家表达"国家存在感"的最有效方式，除了国家的整体"实力"，就是这个国家的"话语权"。话语权是"软实力"的重要体现。能否掌握控制世界舆论导向的能力，成为大国争夺的焦点所在。

控制了舆论，掌握"话语权"，就控制了信息时代的"权力"制高点。

"话语权"简言之，就是说话权，即控制舆论的权力。话语权掌握在谁手里，决定了社会舆论的走向。国家话语权，是一个国家在世界上"说话"的影响力。**话语权的本质不是"权利"（right），而是"权力"（power），是通过语言来运用和体现权力。**

在当今信息化时代，一个国家表达"国家存在感"的最有效方式，除了国家的整体实力，就是这个国家的"话语权"。一个国家的国际话语权大小，直接取决于该国在国际社会实力的强弱，以及实力的有效使用。话语权是"软实力"的重要体现。能否掌握控制世界舆论导向的能力，成为大国争夺的焦点所在。控制了舆论，掌握"话语权"，就控制了信息化时代的"权力"制高点。美国未来学家约瑟夫·奈认为，传统观念认为那些拥有最强大军事力量的国家将夺得优势，但在信息时代，真正的赢家是那些最会讲故事的国家（或非国家组织）。只有持续地、高频率地"大声说话"，才能掌握舆论权。

网络舆论战：

## 国际争夺的新战场

上世纪以来，在国际争夺中，直接用来实施意志、精神、心理打击的舆论战的作用凸显出来，新闻传播成为无形的战场。而在信息时代，网络舆论战的作用更加凸显。

有学者指出，随着当今世界格局多极化的发展，一场战争的爆发势必引来不同国家地区、不同政治立场、不同价值观、不同利益诉求的大量媒体蜂拥而至，媒体背景的多样性和复杂性使得舆论控制的难度空前加大。参战各方均以争夺舆论主导权为要务，避免己方处于舆论战不利地位，涣散斗志，失却民心和舆论的支持，最终影响整个战局的形势。

在近年一些地区发生的热点事件、冲突中，网络常被有关国际行为体利用，发布大量虚假信息和谣言，混淆视听，危害一国内部稳定与对外形象，并影响其外交决策。一些国家和组织常常利用互联网传播速度快、范围广、信息量大、介入门槛低的特点，有意识地对他国进行政治文化渗透。

因此，**在网络中保持话语主导权，及时有效地收集和分析网络信息，充分利用网络舆论进行科学合理的政治决策，是对国家政治智慧的重要考验。**

网络舆论战是伴随计算机网络的产生、发展而出现的一种新的舆论战样式或形态，是信息化条件下舆论战在网络环境中的运用。随着传播技术的发展，网络舆论战在传播渠道、范围、速度、形式、数量上空前突出：作战领域上，从军事扩大到政治、经济、外交、文化、宗教等领域；时间上，超越战时与平时的界限；空间上，突破前后方战线；载体上，从文字、广播、电视到卫星、网络等。

网络舆论战具有舆论的基本特征，包括对象的公众性、时间的全程性、渠道的特殊性、对抗的公开性、效能的渗透性。同时，由于网络传播融合了人际传播、群体传播、组织传播和大众传播等多种传播类型，融合运用了文本、图像、音频、视频等多种媒介等样式，具有传播主体多元化、传播过程即时化、传播方式立体化、传播内容延展性、传播关系交互性等特点，从而使得网络舆论战与以往传统舆论战样式相比具有许多新的特点。

网络舆论战是网络空间控制权的重要组成部分。有学者指出，网络空间控制权主要包括网络空间话语主导权、网络战规则制定权、关键信息节点和设施的控制权。网络舆论战与网络战的共同点是，都运用网络技术在网络环境中围绕"制信息权"进行的争夺行动。不同的是，网络战运用的武器是网络技术本身，直接目的是干扰、破坏甚至摧毁对方网络信息系统，而网络舆论战运用的武器是舆论信息，网络技术更多的是作为传播舆论信息的手段而运用，直接目的是通过网络信息传播作用于对方及第三方的认知和精神领域，影响对方及第三方的信念、意见、情绪、意志、思维、感情和态度等，促成己方政治军事目的的达成。

*最会讲故事：*

# 美国的国际舆论战略

美国是当今国际上传媒实力、传播实力最强的国家，它处于国际舆论的中心位置。日本国际问题专家近藤诚一在《日美舆论战》中指出："在美国形成的舆论都会变成一种对其他国家构成压力的世界性舆论。"哈佛大学费正清研究中心一位学者认为，今天的受众和国际舆论很大程度上是美国传媒界联合学术界和政界的舆论制造者们共同策划出来的，并戏称其为"哈佛阴谋"。

美国的这种全球舆论中心地位，使得美国非常重视舆论的作用。在不同的历史时期，美国都会制定一个明确的国际舆论战略，通过运用舆论的力量来影响和控制其他国家，维护美国在世界上的霸权地位。美国的全球舆论战略有两个非常明确的行动主体：一是美国政府，二是美国媒体。美国通过建立一系列的机制安排协调美国政府与媒体及其他国家的关系，确保美国政府与媒体之间的通力合作，以使美国政府的政策意图、价值观念通过新闻媒体的传播被其他国家所接受和理解。2003年1月21日，美国在原先新闻办公室、新闻发言人制度的基础上，新成立一个"全球传播办公室"。据称，这个办公室成立的原因是，"总统了解到将美国的信息传递给世界的重要性。"实际上，成立这个传播办公室的目的，一是为了管控媒体，二是为了在国外发动舆论战，确保美国对国际舆论的主导权。

美国前国务卿希拉里在任时十分强调"软实力"的作用。白宫、国防部和国务院出台了许多相关政策文件，一系列相关概念，如"软实力"、"巧实力"、"思想战"、"公共外交"、"战略传播"、"非动力作业"，纷纷出炉或重新获得青睐。美国前国防部官员阿诺德·亚伯拉罕说，"战略传播是指具有战略影响的传播——在战略层面上选择受众、讯息和手段的艺术。" 2010年5月，美国总统办公室签发的《国家安全战略》把战略传播列为国家实力的八大支柱之一。

美国把舆论战与军事战放在同等重要的位置，在精心部署军事战的同时，制定舆论战战略。海湾战争中，布什亲自签署三项密令，授权全国舆论工具、情报机构、科研机构、某种心理战专家和东方学家拟定"特殊计划"，编造忽东忽西的"可靠消息"，使伊军摸不透多国部队的具体计划与意图。美国前国防部长罗伯特·盖茨强调，冷战"既是军事力量的对抗，也是思想意识的较量。"他进一步阐述，"从长远来看，我们无法通过杀戮或俘虏来夺取胜利。在二十世纪，非军事行动——劝说和激励——是赢得意识形态对抗的重要武器。在二十一世纪同样如此，甚至更为重要。"

美国国防部明确提出，要"有计划地利用宣传和其他心理行动，以影响敌对的外国团体的舆论、情感、态度和行为作为首要目的，从而支持实现国家目标。"其高度重视心理战行动，称"心理战行动是有计划的行动，向外国受众传达有选择的信息和指标，影响他们的情感、动机和客观推理，最终影响到外国的政府、组织、团体和个人的行为。""心理战行动可以从广义上定义为有计划地使用传播手段来影响人的态度和行为……在目标群体中创立支持达到（美国）国家目标的行为、情感和态度。传播的形式可以是简单地通过口头隐蔽地扩散信息，也可以通过任何的多媒体手段。"对于如何运用舆论传播的手段有效地进行心理战，美国政府和军方投入了很大的力量进行了长期研究，将心理战的原则浓缩成三个词，就是"说服、改变、影响"。

在美国全球舆论战略方面，美国奉行"信息自由流通"准则，这是美国对外舆论战略的一块基石。但实际上，美国的"信息自由"、"新闻自由"原则，实际上建立在美国政治经济传播霸权的基础上，建立在美国对于其他国家巨大信息优势的基础上。美国的根本目的并不是去维护其他国家的"信息自由"，而是为了保障自己对全球新闻信息采集的自由，保障对新闻传播渠道控制的自由，保障美国的文化、思想、观念能够源源不断地向世界其他地方输送的自由。美国参议员戈文曾对此一语道破——对于像美国这种高度依赖资讯与传播的国家，最好的攻击方式之一，就是限制其资讯的获得与传播；如果接受了国际传播新秩序的建设，美国必受严重打击，可能根本无法获得有关其他国家的新闻，美国生产的电影、电视节目、广告、新闻等可能根本销售不出，同时，电脑、人造卫星等传递信息的设备可能被其他国家苛以重税或禁止输入。

有学者指出，美国全球舆论战略的行动手段主要有两种：一是运用硬的手段进行舆论威慑和舆论打击，二是运用软的手段进行舆论笼络和"捧杀"。针对不同的国家，美国会使用不同的手段，或者同时使用这两种手段，最终目的就是以最小的代价遏制竞争对手甚至消灭敌手，让其他国家按照美国的意愿放弃国家利益，使得美国获得超额的国家利益和集团利益。

近年来，随着通讯与网络技术的发展、信息生态的演变，美国的外宣媒体在传播渠道、技术、内容、策略方面都随之进化，舆论战的方法、手段也在不断改进。美国前国务卿希拉里多次就美国的全球互联网战略发表演讲。她提出，在新媒体时代，以国家为中心的国际传播已经演变成以网络社会为中心的国家传播，一个国家的权力掌握在全球网络中。美国要通过增强对他国和全球网络的渗透力及对他国和全球网络的控制力，传播美国的思想、观念、价值、行为准则。2010年1月7日，希拉里宴请10名美国IT界高层时提出，美国二十一世纪的重要策略就是利用谷歌、脸谱、推特等网络新技术力量推动外交。2011年2月15日，希拉里在关于互联网自由的演讲中表示，美国国务院在使用阿拉伯语及波斯语发送推特信息，推出中文、俄文的推特账户。美国还将花费2500万美元，帮助互联网用户突破网络限制。2011

年5月16日，美国发布的《网络空间国际战略》报告中公开宣布："鼓励世界各地的人们使用数字媒体……组织社会和政治运动。"近年来，在美国所打的几场战争中，新闻舆论战与心理战、信息战高度融合，新闻传媒为心理战提供了空前有力的信息传播支持。美国前国防部长盖茨曾经说，推特等社交媒体网络是美国"极为重要的战略资产"。

**真实的谎言：**

# 美国开展舆论战的策略

近年来，在诸多国际热点事件中，美国采用各种策略开展舆论战。

一是议题设置，控制舆论主动权。传播学"议题设置"原理认为，通过改变信息供给比例和转移信息量，可以达到突出或平息议题的目的。美国在二十世纪九十年代以来的现代局部战争中运用"议题设置"原理，控制舆论主动权。

二是精确打击，抢占舆论制高点。其主要表现在：点对点精确打击对象国掌控战局的首脑和关键人物等少数人物，丑化、攻击对方领导人；针对目标群体精选舆论内容，给人"绝对真实感"。

三是传播谣言，转变舆论热点。传播学的魔弹效果论认为，受众就像射击场里的一个固定不动的靶子，完全处于消极被动的地位。只要枪口对准靶子，舆论的信息诱导可以迅速产生效果。受众对国际问题不关注，使其对新闻传播中不真实的信息无法辨别，更不能持批评态度。受众决定接受什么样的信息，受学术界、新闻界、娱乐界长期潜移默化形成的历史性知识、事实性知识和观念性知识影响。而所谓"CNN效应"认为，美国人甚至整个国际社会想什么都受美国媒体的操纵，因为常是CNN摄像机到哪里，哪里就成了联合国要讨论的问题。美国媒体就利用这个道理传播谣言，将舆论热点转到有利美方的立场上来。

四是利用技术，制作"真实的谎言"。美国媒体还利用技术手段，剪辑、嫁接图像、镜头，制作"真实的谎言"。从报道局部看，信息都是真的，但通过技术手段的处理，合成的报道则根本与原事实不符，成为"真实的谎言"，而这种谎言最易使公众相信。

五是新闻管制限制新闻发布渠道。新闻管制，是通过禁止记者随意到战地采访等措施间接控制媒体的新闻来源。二十世纪九十年代以来的四场现代局部战争中，美国和西方国家的新闻宣传在严格限制的前提下，达到了超乎寻常的报道一致。阿富汗战争中，美军方同样只给CNN战地现场报道权，其他媒体的报道都要用CNN或官方提供的镜头、图像、照片等。而据《华盛顿邮报》报道，CNN董事长沃尔泰·伊萨克森向其驻外记者下达的"内部命令"明确要求他们，"不要过分地把注意力集中在美国的军事行动给阿富汗的居民造成的损失和破坏上，不要报道阿富汗居民蒙受损失和阿富汗遭到破坏的情况，不要报道阿富汗平民的伤亡和损失情况。"

六是扩大舆论，摧毁对象国强势媒体。现代局部战争中，美国采用扩大舆论、摧毁对象国宣传机器的策略，阻止对象国的舆论传播。海湾战争中，美军的"沙漠风暴"行动中打击重点之一就是伊拉克的电视台和通信设施。同时，美国的"美国之音"、"海湾之声"、"自由之声"等广播电台都相应增加了用中波、短波播出的节目时间，还在前线新设了四个电台，其中"沙漠盾牌"电台每天12小时滚动播送民谣节目，一面向美军官兵进行宣传鼓动，一面广播煽动伊拉克军队反政府的节目，并向伊拉克空投了数十万个专门用来收听美国电台广播的收音机，向伊拉克偷运或空投大量反伊拉克政府和显示美军实力的录音带、录像带以及传单和手册。

**【名词解释】**

**舆论**：群体对于公众事务的意见表达方式，这种表达不是抽象的议论，而是具有自身期望目标的社会意识的集合。舆论形成是一个复杂、动态的过程，受社会环境、公众心理、舆论客体等多方面的影响。主要有下列几个阶段：一、问题事件的产生引发议论。作为舆论客体的社会问题主要有公共性、冲突与反常性、现实性等特点。二、意见在舆论领袖带领下的互动与整合。三、权力机构、大众传媒促成舆论的形成。主流媒体对舆论的影响在政治领域保持强大优势，权力的强大是一个决定因素，大众传媒起到中介作用。

**舆论的现实形态**：表现在：一、议论。两个人窃窃私语行不成舆论多数性是舆论的基本特征。二、民谣。民谣又称民谚、顺口溜。三、聚众。它作为一种舆论行为是集体心理受外部影响或压力而产生的集体行为，参与者认为只有一致行动才能使他们的意见带有不可抗拒的效果，便聚集到一起，实现共同的要求。

**舆论的质量**：是指舆论包含的信念、情绪、态度、意见中的理智成分与非理智成分的对比，即舆论的理性程度的高低。理性程度越高质量越高。

**舆论强度**：指舆论主体诉诸意志的坚定程度，表现为一定的人数坚持何种意见，其态度的明朗指向。它是公众立场、意志、追求的集中体现。

**议程设置**：是一种比喻的用法。其本意是经过安排的会议程序，喻为传播媒体对所选传播内容的次序排列与设置。其中心思想是：公众通过媒介了解事件或问题，依照媒体提示的角度思考事件或问题。

**舆论引导**：一般指的是新闻传播引导舆论。即通过自己的影响力，把那些与己不同的舆论变成与自己相同的舆论，使受众放弃不符合该传媒所主张的意见，并进而引导受众的认识行为。

**软实力**：软实力的概念诞生于国际关系领域，原来指的是某个国家依靠文化和理念方面的因素来获得影响力的能力。这一概念由哈佛大学肯尼迪政府学院前院长约瑟夫·奈于1990年提出。他认为，软实力是一种能力，它能通过吸引力而非威逼或利诱达到目的，是一国综合实力中除传统的、基于军事和经济实力的硬实力之外的另一组成部分。"软实力"主要包括以下七种内容：一是文化的吸引力和感染力，二是意识形态和政治价值观的吸引力，三是外交政策的道义和正当性，四是处理国家间关系时的亲和力，五是发展道路和制度模式的吸引力，六是对国际规范、国际标准和国际机制的导向、制定和控制能力，七是国际舆论对一国国际形象的赞赏和认可程度。"软实力"概念一经提出，便在世界范围内得到积极响应，世界各国纷纷研究并认真谋划提升自己的"软实力"。

**战略传播**：美国军方在公共外交基础上提出的新型外交理念。美国国防部2006年度《四年防务评论报告》将其定义为：战略传播是指美国政府集中努力来理解并接触关键受众，通过国家权力机构各部门协调一致的信息、主题、计划、项目和行动，来创造、强化或维持有利于美国国家利益和目标的环境这一整体的、持续的行动过程。自2001年"9·11"恐怖袭击事件以来，战略传播在美国受到了高度重视并且发展迅速，已经成为国家实力（外交、信息、经济和军事四种手段）的重要组成部分。战略传播被认为是国家实力中信息手段的最重要的方面之一。2008年9月，美军颁布了《战略传播指挥员手册》（第一版），阐述了战略传播的作业流程与作业要点。战略传播的实施分为观察、分析、决策和行动四大环节。2010年2月，美国国防部向国会国防委员会提交了一份战略传播报告，列举了战略传播的四大使命：提升美国的可信度与合法性，削弱对手的可信度与合法性，促使特定目标采取具体行动支持美国（或国际）目标，促使竞争者或对手采取（或不采取）特定行动。美参联会主席迈克·马伦上将认为，"在战略传播过程中遇到的大部分问题不全是传播本身的问题，而是传播策略及其实施的问题。"

第七讲

# 新媒体：舆论争夺的新战场

信息时代，由于技术进步的驱动，媒体的内涵、边界和格局一直处在高速变化的过程中，社会化媒体和移动互联网的兴起，彻底改变了舆论平台的版图。具备强大传播功能的新媒体日益深刻地影响着社会发展，其"双刃剑"效应亦日益凸显。

新媒体时代，争夺网络舆论制导权，成为新的战场。能否掌控网络舆情，成为国家建设成败的关键。面向成长于新媒体基础上的全球传播环境，如何打造本国的全球性国家形象，成为当前各国必须面对的重大挑战。

当今世界进入新媒体时代，舆论传播方式发生了重大变化，大众社交媒体等作为舆论的重要发源地，成为舆论争夺的新战场。

新媒体时代：

## 信息传播技术正在改变舆论平台版图

当前，影响未来网络信息传播形态与模式改变的技术是多元的，从已经有的网络技术的社会应用趋势来看，直接影响信息传播形态与模式改变的各种技术已经显现并日益融合。**移动互联网的发展，拓展着信息传播的自由时空，使得人类之间的信息交流在任何时间任何地点得以实现。**

国际电信联盟（ITU）2012年初发表的报告显示，移动通信已经成为全人类不可或缺的重要工具。从手机的用户数量和人口的总数量对比来看，目前全球手机的渗透率已经达到79%，而在全球所有的手机用户中，几乎有12亿用户已经用上了移动宽带。各种智能手机、平板电脑以及便携计算机已经大量进入人们的日常生活，成为人们常用的信息设备。这种能够与移动互联网连接，具有复杂信息处理能力，拥有开放操作系统和扩展功能，可以使用多元应用程序的智能终端，极大地改变着信息获取和信息传播的结构模式。而云计算的技术应用推进个人拥有的信息终端日益简化，同时却可以更加充分地使用整个网络计算机集群构成的多元服务，享受丰厚的数据资源、存储空间、计算能力和各种应用服务。社会的应用需求与技术的发展进步正在形成强大的聚合能量，推进着网络技术的深度应用，推进着整个社会运行方式的变革。

信息传播技术的进步有可能让强者更强，弱者更弱，舆论场上的实力对比更加悬殊。一些学者指出，在技术进步的驱动之下，媒体的内涵、边界和格局一直处在高速变化的过程中，社会化媒体和移动互联网的兴起，彻底改变了舆论平台的版图。博客、播客、微博、微信等新媒体的出现，呈现出受众广、成本低、传播速度快、内容富有个性、影响力大等特点，大大强化了信息互通、共享功能。网民可以成为信息的采集者和发布者，传统的传者和受者的单向关系被打破，受众和传播者处于同等地位，正如美国传播学者尼葛洛庞帝所言：**"在网络中，每个人都可以是一个没有执照的电视台。"**尤其在今天的中国，从电脑到手机，移动社交进入新的发展阶段。微信、米聊、陌陌、飞聊等移动社交应用，已经成为新媒体发展的新宠。**移动社交在移动互联网的刺激下会深度影响网络社交方式，用户量、传播力呈现持续井喷式发展。**

新媒体区别于传统媒体的最大不同就是个性化和互动性，社交网络最大的发现就是同质性，即有着相似个性的人相互联系的倾向，人们可以通过工作场所、职业、学校、俱乐部、爱好、政治信仰以及其他因素彼此联系，虚拟网络社会变成一个熟人社会，人际交往中的感情加入网络中，建立起了广阔的人际网、信息网。**互联网在一步步拉近人与人之间的距离，整个地球都被一张巨大的网络覆盖，而几乎每个人都可以被这张巨大的网络连接起来。**有关统计数据显示，我国电脑上网和手机上网的用户加在一起，网民数量已超过10亿。这样庞大的用户群，使得网络媒体具有强大的信息覆盖能力，很多网友已经习惯了用手机获取社会和生活信息，交流自身的感受。以微博、微信为代表的移动互联网互动性强，传播速度快，任何一则新闻都可以在短时间内传播开来，跟帖评论，特别受网友欢迎。

有学者指出，新媒体传播平台打破了现实社会中的地域、通讯、经济、身份、行业的鸿沟。人们运用社会媒体，重新构造了人与人之间的关系网络、社会价值、营销路径、组织框架。社会与政治环境也不再像过去那样僵化与老旧，而是"出现了有生命力、黏性的、湿糊糊的工具存在"。

从舆论传播的角度看，互联网和传统媒体形成两个相互连接又有明显区分的舆论场。不少学者指出，媒体发展趋势必然是两个舆论场的融合与交汇，其整合过程引人关注。这也导致舆论的形成模式与机制都在发生深刻变化。从视频、游戏、邮箱到搜索、电商、微博，与公共生活日益密切的工具类互联网企业，正成为挑战传统媒体"舆论权威"的竞争者。**据有关方面统计，当前全国媒体资源都被高度集中在微博和微信这两个平台上，使其在某种意义上影响了舆论场的传播。**

工具类网站由于有着极强的人气集纳，易形成不可替代的效应而影响舆论场。过去，包括网络在内的新媒体一直被传统媒体带着走，以转发传统媒体报道为主，处于"跟随"状态；接下来，新媒体有了自己的原创新闻，开始与传统媒体实现互动；如今，由于移动互联网时代的到来，新媒体反客为主，走到了前面。随着发布者的增多，传统媒体舆论权威地位受到挑战。

同时，商业网站正在成为继传统平面媒体、电视、广播、重点新闻网站之后，逐渐介入传媒领域的一股新力量。有事情看门户，已成为越来越多人的选择。据报道，如今，新浪、搜狐、网易、腾讯构成了国内四大商业门户网站鼎立的格局。分析可以发现，掌握庞大用户、以即时通讯见长的腾讯，靠搜索引擎起家的搜狐，都不是传统的传媒门户网站。从资本实力上看，当今市值最高的前三家互联网企业中，除阿里巴巴外，腾讯和百度均已拥有自己的媒体发布平台。据报道，多位受访大学生表示，腾讯的弹窗与手机推送，已成为自己浏览重大和热点新闻的主要方式。

具备强大传播功能的新媒体日益深刻地影响着社会发展，其"双刃剑"效应亦日益凸显。作为高度社会化媒介的新媒体在发挥正能量的同时，也存在空前庞大的网络化虚拟空间冲击现实社会秩序、自媒体成为社会风险因素、信息安全和意识形态安全问题等隐患。对新媒体舆论场而言，新媒体让信息源更多了，但鱼目混珠、泥沙俱下，人们对信息的鉴别力、把握力、掌控力存在巨大差异，这就需要构建"把关人"机制。

还有学者指出，要高度重视新媒体发展过程中的数字鸿沟影响民意表达真实性。信息富有和信息贫乏之间的数字鸿沟，导致信息的富有者更容易运用新媒体争取更多的话语权，相比之下，信息的贫乏者缺乏平等的政治参与机会。新媒体折射出来的民意难以代表整体民意。不同地区、年龄、学历、职业的人群在占有和使用新媒体技术方面也存在巨大差异，在一定程度上制约了不同治理主体平等利用新媒体进行利益表达的机会。此外，一部分人利用新媒体的匿名性和便捷性特点进行非理性表达，网络舆论群体极化现象对社会稳定的影响需要高度重视。

有学者指出，在当前环境下，每一个舆论主体都要适应舆论场中的不同声音。所有人也都有责任在这些不同声音的基础上，打造一个良性平衡的舆论生态。

强大的 "微力量" ：

## 社交媒体 "趋政治化" 之势日益明显

有学者指出，以社交媒体为主要代表的新媒体技术的发展，正在重新组织与排列当前世界的社会行动、政治议程与外交博弈方式。社交媒体的 "趋政治化" 之势日益明显。在新媒体时代，互联网已经不是一般性沟通工具与信息途径，它承载着信息传播、情感宣泄、思想碰撞、社会批判、利益表达、民主监督、法律审判、政府治理、国际博弈等各种功能，人与人之间分享、合作、协调一致行动的能力，突破了过去交易成本的限制，个人影响社会发展进程的主动权被大大加强了。

根据美国教授菲利普·艾格瑞的扩大化模式理论，社交网络大大提升了公民参与集体行动的能力。一方面，社交网络降低了信息分享和传播的成本，使公众可以轻而易举地获得有关信息，降低公众参与集体行动的门槛。另一方面，社交网络也大大拉近了人与人之间的距离，使人们可以保持更为密切而频繁的联系，不受时间和空间的限制。这使得彼此的交流对话更为便捷，更容易协调彼此的行动。

从目前的状态看，各国社会的无组织群体正在通过社交媒体进行 "再组织化" ，甚至呈现一种超越组织的力量。许多事件的舆论中心逐渐集中在推特、微博、微信等突发事件传播上，尤其是各种寻人、寻求帮助等信息可以达到发动全民参与的效果，这是传统大众媒体所不可比拟的。在一些突发事件中，个人在社交媒体中所起的组织力量，只要时机合适就能起到巨大的"蝴蝶效应"，引发多米诺骨牌效应。看似虚拟的空间容易加剧民众政治参与的无序状态，助推突发性的社会分裂、政治对抗、对外冲突的局面。

最早通过社交媒体的交互特征重塑政治议程的世界大事发生在2001年1月17日。当日菲律宾人用手机短信号召民众抗议，一条短短16个字符"Go 2 EDSA. Wear blk"的短信被疯狂转发，吸引了100多万民众聚集，集会一直持续到1月20日埃斯特拉达总统离职。人们把总统下台归因于"短信一代"。 2008年美国总统大选，奥巴马团队成功利用了脸谱、推特等社交媒体，激发了青年人的小额捐款与投票，成为社交媒体的最大受益者，奥巴马也被称为第一位"互联网总统"或"Web2.0总统"。2009年4月，摩尔多瓦发生未遂"颜色革命"，因有推特参与，这次事件第一次被西方媒体称为"推特革命"。2009年6月伊朗大选后，落选方利用黑莓手机短信和脸谱、推特传播不满情绪并煽动反抗，导致了长达两周的动乱，《华盛顿邮报》刊发社论称之为"伊朗的推特革命"。2010年美国中期选举，高达22%的美国成年人使用社交媒体参与并影响中期选举。2011年初，突尼斯、埃及、利比亚、也门、叙利亚、巴林等中东北非国家先后爆发被称为"阿拉伯之春"的骚乱甚至战争冲突，执政23年的突尼斯阿里政权、执政30年的埃及穆巴拉克政权、执政42年的卡扎菲政权均被推翻，其他多国社会仍然处在政治动荡中。骚乱参与者多数都是社交媒体的用户，他们用互联网新技术相互鼓动、号召、联络、沟通，加强群体价值认同，统一运动步骤，聚合政治目标。2011年夏季，伦敦、巴黎、柏林、费城、旧金山等不少欧美大城市，相继出现了大范围的民众游行、集会及打砸抢烧事件。秋季，"占领华尔街"民众运动在美国纽约持续了两个多月，一度蔓延到西方多个城市。几乎所有骚乱的参与者也都是脸谱、推特或黑莓手机等社交媒体的忠实用户。这使得美、英等国政府不得不宣布，必须通过关网、切断手机信号等方式维持社会稳定。**由此可见，在社交媒体的推动下，个人对公共事务的信息创造与消费，合成了空前强大的"微力量"，快捷方便地拥有强大的信息传播力、活动号召力、政治运作力，各国的政治议程正在一点点被Web2.0力量改写。**

近年来，在中国，包括微博在内的大量社交媒体产生的社会动员行动时时发生。比如，汶川大地震后，网民相互转述与通告，发起了有史以来最大规模的互联网捐款，在高峰时一分钟就能募集到10万元。有研究者曾对近年来210起中国重大舆论事件进行研究，网络舆论在67%的事件中起到了推动政府解决问题的积极作用，71%的微博使用者认为，微博提高了他们对政治的关注度。

没有硝烟的战场：

## 能否掌控网络舆情，已经成为国家建设成败的关键

有学者指出，新媒体时代，争夺网络舆论制导权，成为新的战场。在某种意义上说，能否掌控网络舆情，成为国家建设成败的关键。

在大众媒体高度发达的情况下，利用网络技术，既可以通过网络媒体、网络论坛对大众进行大规模的舆论宣传，也可以利用电子邮件、网络即时通讯软件、微博等对特定群体甚至个人直接进行政治宣传、劝说，以及实施心理攻击。在互联网与手机、电话等数字通讯工具相融合的情况下，还可以对特定群体甚至个人直接发送文本、图像、语音、视频信息，实现信息的精准投放。显然，与传统传播方式相比，网络舆论引导具有更强大的渗透力，可以起直接的舆论宣传成效和更大的心理影响作用。

当今世界，网络舆论是个没有硝烟的战场，由于互联网的开放性和网络传播的交互性，各种力量的较量几乎是面对面展开，在网上直接辩驳交锋。双方必然会调动一切可以利用的人力资源、信息资源和技术手段投入对抗，这些都将使网络舆论对抗在一定时期出现白热化的局面。**如何采取网络劝服、明示、暗示、典型引导等方式，宣扬己方的立场和政策，把国家意志转化为群众意志，从而主导社会舆论，**

**影响民意归属，成为新媒体时代网上舆论斗争的重点所在。**

从国际经验来看，更多的政治精英参与、引导互联网舆论场，是趋势所在。面对互联网拓展中不断涌现的新变化、新形势，如果各级政府管理顺势而为，实事求是，以远见与务实的态度采取积极应对管理措施，辩证看待互联网传播的规律及其局限，依法管理，互联网舆论就能发挥其正能量的作用。目前，中国97%以上的中央政府部门、100%的省级政府和98%以上的地市级政府部门开通了政府门户网站，政务微博账号数量超过17万。政府通过政府网站和政务微博及时发布政务信息，征询网民对重大政策措施的意见，可以促进政府工作的公开透明。公民通过网络参与社会公共事务管理，更可推动民众与政府之间的良性沟通，通过线上线下相结合的互动改善政治生态。要积极争取主流意识形态在新媒体环境中的主动权，在广泛传播主流意识形态过程中，发挥主流意识形态的辩护功能、解释功能、整合功能、引导功能。

要重视网络意见人士在舆论场中的作用。不少学者认为，重视意见领袖等网络名人，应该成为政府管理部门以及企业单位的选择。拥入舆论场的传播者，除了普通网民中成长起来的意见人士，还包括文艺界和法律界名人、政府官员、专家学者，其中的一些人人气高，他们在讨论时政话题时备受关注。打开新浪微博"名人堂"，可以看到这些意见人士中有的粉丝量达到几百万甚至上千万，其信息发布的转发、评论量颇大。如何发挥这部分人的作用，通过与网民的互动，抓住广大网友的碎片时间，把最重要的信息及时传递出去，让传播正能量在润物细无声中完成，是当前主流媒体实行有效传播面临的重要课题。一些学者提出，政务微博、主流媒体微博，以及领导干部网友，要建立"红色大V"合作机制，在一些大是大非问题上站出来，勇于发声，善于发声，维护法治，维护国家利益，促进社会对话而不是对抗。

让网络空间清朗起来，是政府开展网络治理的首要目标。学者们认为，要加强网络信息舆论的全流程管理，建立打击网络谣言长效机制，发挥网上信息自净机制，寻找网络意见表达的制衡机制，引导网络话题的均衡分布，放大理性的声音，对冲偏激的意见。在突发事件和敏感议题上，要推动各级政府部门早发声，善用微博、微信、微视"三微"战术，诚恳对话，消除状况的模糊性，成为公共政策乃至突发事件的"第一定义者"。要加强相关法制建设。目前我国关于新媒体相关的法律规范与制度不够完善，影响到网络空间的净化。

话语权正在转移：

## 新媒体对国家传播提出了新挑战

新媒体时代，传播最突出的特征可用三个词来概括：全媒、全民、全球。国家形象传播所将要面临的，实际上是成长在新媒体变革基础上的全球传播环境，而全球性国家形象将主导国家形象变革的趋势。这必然给国家形象的传播带来革命性的变化。一直以来，国家形象的传播主要以政府和官方媒体为主，但是新媒体的发展在快速改变着这一传统现实。**新媒体推动了舆论话语权从国家向社会转移的趋势，官方媒体的话语权正在被越来越广泛的、多元化的社会传播主体分享。**在诸多社会公共事务上，新媒体传出的社会大众声音往往引导舆论，来自社会的声音将分享更多的话语权。不难想象，舆论话语权从国家向社会转移的趋势成为全球传播时代的潮流，这对政府新闻发布会、电视等传统的国家形象传播行为带来了挑战。面向成长于新媒体基础上的全球传播环境，如何打造本国的全球性国家形象，成为当前各国必须面对的重大挑战。

一些学者指出，话语权从国家向社会的转移，国际传播领域向全球性传播领域的转变，全球性国家形象的逐渐形成，这些国家形象传播的变革才刚刚开始。

近年来，由于社交媒体对本国及他国强大渗透力与传播力，很容易成为某种外交力量，各国尤其是大国纷纷展开外交创新，利用社交媒体开展新一轮的外交工作，"E外交"、"数字外交"等概念开始在各国外交界流行。2003年，美国国务院成立"E外交办公室"，目的就是通过互联网加强对世界说明美国政策的力度，以及传播美国的理念与价值观。2006年11月，美国国务院成立了数字外联小组（Digital Outreach Team），努力在网络世界中推广体现美国价值观的叙事结构。美国认为，通过每周在全球20～30个网站，比如BBC这样有影响力的网站，发表数十篇评论，有助于在虚拟世界抵消基地组织反美主张的影响。为此，他们使用阿拉伯语、波斯语、乌尔都语发表言论，重新将二十世纪三十年代黎巴嫩某些世俗化阿拉伯诗人的作品传上网络，在虚拟世界中模拟参观一个美国小镇，聆听一段美国的独立宣言，以此"创建一种美国的叙事方式"，"让美国的价值观和理念具象化"。2009年5月1日，"白宫博客"宣布将在脸谱、推特等几大社交网站开设主页，正式进入"白宫2.0时代"。近年来，美国政府机构、媒体、非政府组织、学界、智库、基金会、培训机构等都在利用我国国内的各种网络工具，重点在媒体和高校开展"公共外交"，鼓励美国外交官、记者、教授、交换学者和学生、旅游者及其他美国公民通过互联网与中国网民开展网上和网下的对话交流，推销美国的外交政策、政治制度、价值体系。

近年来的调查研究发现，发展中国家了解我国的首要渠道是互联网，达到78%，如马来西亚有84%的民众通过互联网了解中国，印度和南非分别达到75%和76%。发达国家了解我国的首要渠道仍是电视，占69%，互联网58%紧随其后。从我国媒体海外发展的情况看，我国网络媒体在绝大多数国家，尤其是在印度、南非、肯尼亚的受欢迎程度，远远高于我国的传统媒体，尤其是在肯尼亚，了解我国信息的渠道除了当地媒体，我国网络媒体排在第二位，已经超过了西方媒体。

有专家指出，为应对新媒体的挑战，中国也应做好准备，**发展新媒体中的国家形象，提前布局全球性传播领域，构建面向全球传播的现代传播体系。把网络议程设置力和网络传播力作为国家战略资产加以经营。**改革开放30多年来，中国有千百万人通过各种渠道和各种形式与国际上的各种社群建立了个人联系，并通过各种语言与他们保持交流和信息沟通。每一个有国际交往经验和能力的中国人都与国外某个群体有着某种社会网络的联系，在社会网络里建立信任关系，通过博客、微博等，寻找目标受众，建立一对一的对话交流。要发挥好民间外交的作用，积极主动地开展中国的社交媒体群众宣传运动，为国家的和平发展、社会和谐稳定，争取人心，凝聚人心。

**【名词解释】**

**大众传媒：**即大众传播媒介，传播学名词，指复制、传递信息的机械和传播组织、团体及其出版物和影视、广播节目。大众传播媒介主要是指报纸、杂志、广播、电视等。这些传播媒介传播信息具有速度快、范围广、影响大等特点。大众传播媒介具有五项功能，即宣传功能、新闻传播功能、舆论监督功能、实用功能和文化积累功能。

社交媒体（social media）：又译为社会化媒体，是以Web 2.0（互联网2.0）的思想和技术为基础的互联网应用，用户可以借此进行内容创作、情感交流与信息分享。所谓Web 2.0技术是相对于Web 1.0而言的。Web 1.0的主要特点在于用户只能通过互联网浏览、获取信息，而Web 2.0则更注重用户交流与互动，用户既是互联网内容的浏览者，也是互联网内容的制造者、服务的提供者、信息的传播者、行为的创新者。换句话说，前Web 2.0时代，公司或其他机构是互联网世界的主体，而Web 2.0则使个人成为互联网世界的真正核心。在互联网界，Web 2.0已被公认是"真正的网络革命"，代表着未来。

新媒体：用数字技术、网络技术，通过互联网、宽带局域网、无线通信网、卫星等渠道，以及电脑、手机、数字电视机等终端，向用户提供信息和新媒体的定义娱乐服务的传播形态。新媒体是信息科技与媒体产品的紧密结合。现在比较热门的新媒体不下30种，如数字电视、直播卫星电视、移动电视、IV、博客、播客、网络电视、电视上网、楼宇视屏、移动多媒体（手机短信、手机彩信、手机游戏、手机电视、手机电台、手JaLtl纸等）、网上即时通讯群组、对话链(Chatwords)、虚拟社区、搜索引擎、简易聚合(RSS)、电子信箱、门户网站等，其中既有新媒介形式，也有不少属于新媒介硬件、新媒介。

把关人：是传播学的常用概念之一。把关人又称守门人，是指那些在新闻媒介系统中居于决断性的关键位置，对信息进行过滤和加工的人或组织，而这种对信息进行过滤和加工的过程就是把关。不少学者表示，对传统媒介而言，由于把关人的存在，舆论引导不难做到；

在新媒体之大环境下，把关人概念没有多少效用，由于把关人缺失等原因，较易导致舆论失控情况发生，网络舆论管理遭遇被动尴尬局面。网络新闻传播中需要三个层面的把关人，分别是政府把关、网站把关、网民自我把关。政府把关属于宏观层面，指对网上信息的整体内容来源与导向的把关。主要方式有：通过技术手段进行控制，扶持重点网站来贯彻自己的意图，加强基础设施建设以放大主流声音等。网站把关属于微观层面，通过对传播内容的选择、加工、优化结构等途径实现。网民自我把关指通过普及新媒体伦理，以提升用户的新媒体素养。把关之内涵既包括对信息的把关，也包括对意见的调控或影响。所谓把关，不仅指阻止与过滤等把守关口之举，亦包括促进某些信息更快流动和更广扩散。其中，扶植意见领袖是一种较为隐蔽的手段。

**意见领袖：**是拉扎斯菲尔德等人在两极传播论中提出的一个重要概念，意指人群中那些首先或较多接触大众传播信息，并将经过自己再加工后的信息传播给其他人的人。意见领袖介入传播过程，加快了信息传播过程并扩大了传播信息的影响。其特点有四：具有影响和改变他人态度的能力；在社交场合较为活跃；与受其影响者处于同一团体并有共同爱好和兴趣；通晓特定问题，并乐于接受和传播这方面的信息。据2012年3月复旦大学发布的《中国微博意见领袖研究报告》：在一系列微博制造的公共事件中，有一个群体始终扮演着重要角色，即意见领袖。报告显示，虽然微博的兴起赋予每一个普通人平等发声的机会，但主导网络舆论的权力仍在少数知识分子和商界人士手中。

所以要培养专业型意见领袖，走精准化道路，集中力量打造特定领域的民意主导者，在保证其拥有基本社会道德的基础之上，更加重视他们在专业的、特定的领域内的权威，以期收到事半功倍的效果。

**蝴蝶效应**：指普遍联系的复杂动力系统中，初始条件的变化带动整个系统长期而广泛的连锁反应，这是一种非线性的混沌现象。"丢失一个钉子，坏了一只蹄铁；坏了一只蹄铁，折了一匹战马；折了一匹战马，伤了一位骑士；伤了一位骑士，输了一场战斗；输了一场战斗，亡了一个帝国。"形象地说明了蝴蝶效应的神秘莫测，初始条件差之毫厘，最终结果可能谬以千里。小因素可能引发大系统的分崩离析，警示人们要防微杜渐，以免小毛病酿成大灾祸。

**骨牌效应**：又称多米诺骨牌效应、多米诺效应，指线性连锁现象。随着一个骨牌强有力地倒下，所产生的势能转化为动能，将紧挨的骨牌推倒。如果没有足够的止动力，后续的骨牌将一个接一个地倒下。

第八讲

# "云"的力量

在云计算浪潮的推动下，虚拟世界和物理世界关系更加紧密，一个高度完善的虚拟世界即将形成。人类通过虚拟世界来改变在物理世界里的生存质量，将使得人类社会发生重大变革。面对云计算的技术手段和运用机理，我们面临的将是从技术到工具手段、到人思想深处的一场波澜壮阔的变革。

在"云"时代，谁能有效开发利用"云"的工具，分布好"云"的结构，发挥好"云"的作用，谁就能在竞争和对抗中抢占先机。只有更快、更准确地决策，才能赢得竞争发展的机会。

云计算被视为"革命性的计算模型"，它使得超级计算能力通过互联网自由流通成为可能。云计算时代，单机已经完全融入了体系，即使某个端口坏了，也不会影响"云"自身的功能，而且"云"的升级更新，是通过各个端口的自主调整而自我实现的。面向公共云、局域云和私有云的云数据平台建设以及面向海量富媒体数据的深度信息分析技术，将使企业和区域拥有更多可获资源和数据服务，进而提升其信息利用和决策能力。在云计算提供的生态系统里，企业对每个环节的信息都是可控的、预知的，企业的功能就是根据当时的各种信息，组织人员和设备来实现目标。

**资源池：**

## 云计算的主要特征

就计算机处理而言，云计算具有以下几个主要特征：

一是资源配置动态化。根据消费者的需求动态划分或释放不同的物理和虚拟资源，当增加一个需求时，可通过增加可用的资源进行匹配，实现资源的快速弹性提供；如果用户不再使用这部分资源时，可释放这些资源。云计算为客户提供的这种能力是无限的，实现了IT资源利用的可扩展性。

二是需求服务自助化。云计算为客户提供自助化的资源服务，用户无须同提供商交互就可自动得到自助的计算资源能力。同时云系统为客户提供一定的应用服务目录，客户可采用自助方式选择满足自身需求的服务项目和内容。

三是以网络为中心——云计算的组件和整体构架由网络连接在一起并存在于网络中，同时通过网络向用户提供服务。而客户可借助不同的终端设备，通过标准的应用实现对网络的访问，从而使得云计算的服务无处不在。

四是服务可计量化。在提供云服务过程中，针对客户不同的服务类型，通过计量的方法来自动控制和优化资源配置，即资源的使用可被监测和控制，是一种即付即用的服务模式。

五是资源的池化和透明化——对云服务的提供者而言，各种底层资源（计算、储存、网络、资源逻辑等）的异构性（如果存在某种异构性）被屏蔽，边界被打破， 所有的资源可以被统一管理和调度，成为所谓的"资源池"，从而为用户提供按需服务；对用户而言，这些资源是透明的、无限大的，用户无须了解其内部结构，只关心自己的需求是否得到满足即可。

专家指出，**云计算和大数据是一个硬币的两面，云计算是大数据的IT基础，而大数据是云计算的一个杀手级应用。**大数据无法用单台的计算机进行处理，必须采用分布式计算架构。它的特色在于对海量数据的挖掘，但它必须依托云计算的分布式处理、分布式数据库、云存储或虚拟化技术。30年前，存储1TB也就是约1000GB数据的成本大约是16亿美元，如今存储到云上只需不到100美元；但存储下来的数据，如果不以云计算进行挖掘和分析，就只是僵死的数据，没有太大价值。

专家认为，**云计算已经普及并成为IT行业主流技术，其实质是在计算量越来越大、数据越来越多、越来越动态、越来越实时的需求背景下被催生出来的一种基础架构和商业模式**。个人用户将文档、照片、视频、游戏存档记录上传至"云"中永久保存，企业客户根据自身需求，可以搭建自己的"私有云"，或托管、或租用"公有云"上的IT资源与服务。云计算实现从芯片到操作系统，从应用软件到服务的产业链条垂直整合，开启、引领了IT服务化趋势，产生了"软件即服务，平台即服务，基础设施即服务"等新业态。有了云计算之后，许多企业不需要购置自己的IT设备，而直接租用云计算里面的存储、计算和网络资源。对创业者来说，创业的门槛降低而效率大大提高。大型的云平台可以让人们把兴趣、精力放在最能发挥创意的地方。

云计算为物联网、大数据、移动互联网、智慧城市等提供了基础支撑。有专家认为，所谓的云计算革命，实际上是指信息领域的应用服务形式的革命，并非指局部的技术改进。具体地讲，**应用服务形式**

的革命就是指采用最小的消耗，建立一个可以连接全球所有物品的体系，使所有的物品成为有序可监控的对象。人们随时随地可以使用虚拟世界里的医疗云系统进行诊断，获得准确的健康信息，而诊断者可以是世界任何一个地方的医生、专家，也可以是虚拟世界里的诊断系统。

科技改变人类未来：

## 云计算将创造出一个高度完善的虚拟世界

有专家指出，在云计算浪潮的推动下，或许在未来的5～10年内，一个高度完善的虚拟世界将会形成。**这个虚拟世界和物理世界关系紧密，人类通过虚拟世界来改变在物理世界里的生存质量，使得人类社会发生重大变革。**当然，云计算所创建的虚拟世界实际上是物理世界存在事实的映射，但是增加了一些管理功能。这些新增加的功能可以展示存在事实之间的复杂关联关系，也可以通过模拟事物的非线性运行路线来预测未来可能发生的事件。虚拟世界里的信息对象同样符合"方以类聚，物以群分，吉凶生矣"的规律。

云计算将提供模拟人脑的智能知识系统，帮助人们快速获得知识。智能知识工具的出现缩小了人们之间的知识差距，极大地提高了人们辨别是非的能力。一个模拟人脑的复杂网状学习系统的出现，会对自动控制、生命科学、人工智能、机器人等领域产生重大影响。而这个学习系统也许只是一个云计算产品，无限增加的数据，极其复杂的网状结构，自组织、非线性特性。

**云计算的典型特点是在虚拟世界里模拟现实世界里的需求应用过程，利用人们可以控制虚拟世界的特点不断修改、调整产品的设计方案，找到最佳的工业设计方案，推动产业革命的发展。**一些学者甚至乐观地认为，在云计算社会，资本不再控制智慧，而智慧可以引导资本。

还有专家指出，云计算将通过革命性的技术对人们所观察到的事件建立起整体性的关联关系，并通过修正现代科学存在的缺陷，推动具有生态特征的技术出现，引导人类进入云计算社会。如智能终端超越通信工具，成为人类自身感官系统的延伸，情景感知和智能感知将成为终端发展的新方向。

当前，移动终端的智能更多体现在传感方面，通过各种传感器罗盘、加速器、陀螺、气压、GPS、光线、耳机、摄像头、触屏、温度、红外等，把人的感官系统和神经系统与终端联系在一起，使得智能终端成为感官系统的延伸，从而实现大脑与机器（Brain-Machine）互动，让机器能够感知、预测人的行为，情景感知和智能感知是智能终端的发展新方向。通过云端的大数据分析和情景感知终端的配合，实现个性化服务、智能化服务和自然的人机交互方式，从

溃。因此，共享、共存、互助是行为活动的基本准则，组织观念、规则意识、制度意识对于每个成员都非常重要，决定着体系的质量甚至生存发展。

## 【名词解释】

**云安全**：是一个从云计算演变而来的新名词。云安全的策略构想是：使用者越多，每个使用者就越安全，因为如此庞大的用户群，足以覆盖互联网的每个角落，只要某个网站被挂马或某个新木马病毒出现，就会立刻被截获。"云安全"通过网状的大量客户端对网络中软件行为的异常监测，获取互联网中木马、恶意程序的最新信息，推送到Server端进行自动分析和处理，再把病毒和木马的解决方案分发到每一个客户端。

**云存储**：在云计算概念上延伸和发展出来的一个新的概念，是指通过集群应用、网格技术或分布式文件系统等功能，将网络中大量各种不同类型的存储设备通过应用软件集合起来协同工作，共同对外提供数据存储和业务访问功能的一个系统。当云计算系统运算和处理的核心是大量数据的存储和管理时，云计算系统中就需要配置大量的存储设备，那么云计算系统就转变成为一个云存储系统，所以云存储是一个以数据存储和管理为核心的云计算系统。

**云呼叫**：是基于云计算技术而搭建的呼叫中心系统，企业无须购买任何软、硬件系统，只需具备人员、场地等基本条件，就可以快速拥有属于自己的呼叫中心，软硬件平台、通信资源、日常维护与服务由服务器商提供。具有建设周期短、投入少、风险低、部署灵活、系统容量伸缩性强、运营维护成本低等众多特点。无论是电话营销中心，还是客户服务中心，企业只需按需租用服务，便可建立一套功能全面、稳定、可靠、座席分布全国各地、全国呼叫接入的呼叫中心系统。

**云教育**：视频云计算应用在教育行业的实例：流媒体平台采用分布式架构部署，分为Web服务器、数据库服务器、直播服务器和流服务器。如有必要，可在信息中心架设采集工作站搭建网络电视或实况直播应用，在各个学校已经部署录播系统或直播系统的教室配置流媒体功能组件，这样录播实况可以实时传送到流媒体平台管理中心的全局直播服务器，同时录播的学校也可以上传存储到信息中心的流存储服务器，方便今后的检索、点播、评估等各种应用。

**云会议**：是基于云计算技术的一种高效、便捷、低成本的会议形式。使用者只需要通过互联网界面，进行简易的操作，便可快速高效地与全球各地团队及客户同步分享语音、数据文件及视频，而会议中数据的传输、处理等复杂技术由云会议服务商帮助使用者进行操作。

目前国内云会议主要集中在以SAAS（软件即服务）模式为主体的服务内容，包括电话、网络、视频等服务形式，基于云计算的视频会议就叫云会议。云会议是视频会议与云计算的完美结合，带来了最便捷的远程会议体验。及时语移动云电话会议，是云计算技术与移动互联网技术的完美融合，通过移动终端进行简单的操作，提供随时随地高效的召集和管理会议。

**云社交**：是一种物联网、云计算和移动互联网交互应用的虚拟社交应用模式，以建立著名的"资源分享关系图谱"为目的，进而开展网络社交。云社交的主要特征，就是把大量的社会资源统一整合和评测，构成一个资源有效池，向用户按需提供服务。参与分享的用户越多，能够创造的利用价值就越大。

第九讲

# 大数据时代的到来

当今世界，大数据已经成为一种典型的社会现象。大数据带来的将是一场大革命，是一次时代转型，很有可能也是一次对人类生活、工作和思维方式的颠覆。

如何运用好大数据，发挥数据资产的价值，这是大数据时代最核心的挑战。谁掌握数据，以及数据分析方法，谁就将在这个时代胜出，无论是商业组织，还是国家文明。

大数据概念源于美国。早在二十世纪六十年代，美国白宫预算局就提出了当时堪称革命性的创新计划——成立一个被称为"中央数据银行"的统一大型数据库，把政府部门所有的数据库连接、集中、整合起来，提高数据的准确性和一致性。八十年代，美国就有人提出了"大数据"概念，企业界、学术界不断对此进行探讨。

1995年麻省理工学院教授尼葛洛庞帝出版了《数字化生存》，率先提出"后信息时代"的概念，指出海量数据正在流动，时空障碍将被打破，个人将在后信息时代获得更大的解放。

《自然》杂志在2008年9月推出了名为"大数据"的封面专栏，讲述了数据在数学、物理、生物、工程及社会经济等多学科扮演的愈加重要的角色。

2009年，奥巴马就任美国总统，任命了美国历史上第一位首席信息官和首席技术官，并建立了统一的数据开放门户网站Data.gov，全面开放政府拥有的公共数据，鼓励更多的创新型应用，提高政府的效率和效能。

2011年，麦肯锡出版了《大数据：创新、竞争和生产力的下一个新领域》，产学研界对"大数据"的关注达到一个新的高度。

*海量数据，无限价值：*

# 大数据的特征与属性

当今世界，大数据已经成为一种典型的社会现象。从技术发展角度看，大数据源于应对信息的爆炸式增长的需要，也变革和丰富了"信息"的内涵。随着信息科技的发展，数据产生成本急速下降，人类产生的数据量正在呈指数级增长，近三年全球产生的数据量超过以往总和。2010年全球正式进入ZB时代，根据全球信息咨询机构国际数据公司（IDC）监测，全球数据量大约每两年翻一番，预计到2020年，全球将总共拥有40ZB的数据量，相较于2009年，数据量将增长近50倍。

全球信息咨询机构国际数据公司（IDC）对大数据的技术定义是：**通过高速捕捉、发现或分析，从大容量数据中获取价值的一种新的技术架构。**

一般认为，数据的来源包括两个大类，一是大交易数据，主要是企业与企业、消费者之间的交易数据，二是大交互数据，主要来自互联网、社区网、企业服务网、物联网等。大数据包含了信息时代海量的各种类型复杂数据，其中结构化数据易于分析、处理，而更大量的是非结构化的数据（包括日志、图片、音频、视频、位置信息等）。不少学者指出，数据已经并非仅指人们在互联网上发布的信息，全世界的工业设备、汽车、电表上有着无数的数码传感器，随时测量和传递着有关位置、运动、震动、温度、湿度乃至空气中化学物质的变化，也产生了海量的数据信息。

面对海量数据，传统企业的IT架构难以为继，需要全新的云计算和互联网的架构，数据中心的改造是大数据的基础。**互联网的发展，真正地带动数据的迁移，数据从终端向云端迁移，从而使得云端数据以百万倍数量级增加，从而驱动了计算和存储架构的创新。**以虚拟化、并行计算、分布式存储和自动化为核心特征的云计算架构就在这样的背景下诞生，彻底颠覆传统的计算架构，引领继大型机、Client/Server之后第三次IT的变革。今天，企业的传统IT架构在大数据面前难以胜任，必须采用全新的云计算和互联网架构，这就是大数据的基础。所以有人说，云计算和大数据是一个硬币的两面，云计算是大数据的IT基础，而大数据是云计算的一个杀手级应用。

**大数据有四个典型特征，即多样性（variety）、容量（volume）、速度（velocity）和价值（value），其中，速度和价值是关键。**通过脑机计算，把人类在大脑控制下产生的行为数据和计算机的数据处理能力结合起来，进行实时的大数据分析，把数字资产盘活，形成有价值的关系图谱、意向图谱、消费图谱、兴趣图谱和移动图谱等。

有学者因此指出，**大数据正是信息时代一种本质性的解读。**无处不在的信息感知和采集终端为我们汇聚了海量数据，而数据传输、存储、搜索、处理、分析、应用、安全，造就了无数的大数据产业集群、产业链条、产业生态和产业规模。数据仓库、数据挖掘、数据可视化、云计算、语义网等新技术的广泛应用，让每一个企业或个人在理论上都可以构建一个数据集，在大数据时代扮演自己独特的角色，并从中受益。

有学者指出，经济形态的变化和大数据应用的交互关系，揭示出大数据的三个属性。一是生产要素属性。对于谷歌、亚马逊这样的大数据掌控公司而言，数据已经被视为一种新的生产要素，不仅决定着其销量和个性化服务，也反馈到生产和研发环节，形成更加精准的供应链管理机制。作为大数据技术公司，IBM将大数据的生产要素功能概括为留住客户、IT与业务融合、财务流程转型、风险预测与规避等四个方面。二是数据的恒温性。尽管IBM将真实性和准确性(Veracity)视为大数据的第四个V，微软、甲骨文等大数据技术公司都将数据清洗作为大数据分析的重要一步，天睿公司甚至推出了多温度的数据管理技术，但是借助过去和现在的数据来预测未来的特性，让大数据的取舍甚是艰难。三是价值潜在性。不同于物质性资源，大数据的价值不会随着它的使用而减少，而是可以不断处理，不断发现其新的价值，这就产生新的问题，数据所有者可能借助传统的数据挖掘方法，实现大数据的第一次价值释放，而价值链上诸多非所有者，可能通过重组数据和扩展数据，挖掘出二次乃至多次价值。

革命性的影响：

## 大数据对人类生活、工作和思维方式的颠覆

不少学者认为，大数据带来的将是一场大革命，是一次时代转型，很有可能也是一次对人类生活、工作和思维方式的颠覆。麦肯锡的报告指出："**已经有越来越多令人信服的证据表明：大数据将成为竞争的关键性基础，并成为下一波生产率提高、创新和为消费者创造价值的支柱。**"数据的重要性已经提升到竞争性要素的高度。

专家指出，随着信息时代的发展，数据将会和资本、劳动力一样成为商业活动中最基础的一种资源，**可以预见，基于知识的竞争，将集中表现为基于数据的竞争。**而这种数据竞争，将成为经济发展的必然。谁掌握数据，以及数据分析方法，谁就将在这个大数据时代胜出，无论是商业组织，还是国家文明。

如何运用好大数据，发挥数据资产的价值，这是大数据时代最核心的挑战。有学者认为，大数据时代特征是三"大"。第一，管理难度大。海量数据的收集、保存、维护、共享及研究等任务，都面临越来越大的挑战。第二，研究价值大。海量的精准数据，辅以信息技术，使对忠实记录现实生产、生活的数据进行系统研究以探求背后规

律成为可能。第三，社会影响大。对海量数据的研究，能够从纷繁复杂的元数据中提取信息，进而提炼出有规律的知识，将这些知识普遍应用于经济、政治、社会生活的方方面面，将极大地激发社会生产力，产生革命性的影响。

### 数据创造价值：

## 大数据技术的运用前景非常辽阔

当今世界，数据已经如一股洪流注入了世界经济，成为全球各个经济领域的重要组成部分。麦肯锡公司预计，**数据将与企业的固定资产和人力资源一样，成为生产过程中的基本要素。"数据创造价值"的预测非常振奋人心。**麦肯锡公司2011年就发布报告推测，如果把大数据用于美国的医疗保健，一年可产生潜在价值3000亿美元；用于欧洲的公共管理，可获得年度潜在价值2500亿欧元；服务提供商利用个人位置数据，可获得潜在的消费者年度盈余6000亿美元；利用大数据分析，零售商可增加运营利润60%，制造业设备装配成本会减少50%。

大数据技术可运用到各行各业。IBM日本公司建立经济指标预测系统，从互联网新闻中搜索影响制造业的480项经济数据，计算采购经理人指数的预测值。印第安纳大学利用谷歌公司提供的心情分析工具，从近千万条网民留言中归纳出六种心情，进而对道琼斯工业指数的变化进行预测，准确率达到87%。制造业方面，华尔街对冲基金依据购物网站的顾客评论，分析企业产品销售状况。一些企业利用大数据分析实现对采购和合理库存量的管理，通过分析网上数据了解客户需求、掌握市场动向。有报道称，一家中国公司正在从社会化媒体上抓取各种数据，通过分析来预测票房。它针对电影选取30个参数，对演员选取50个参数，包括在哪儿长大、毕业学校和时间、扮演过的角色、收视率和票房如何、有过什么绯闻、跟谁关系好、网民评价等。根据这些参数，这家公司预测电影《1942》票房是3.8亿，会亏本。而华谊公司认为该公司是在"黑"它们，但最后的票房真的只有3.6亿。因此，有网民称，**谁率先把握住了大数据的机遇，谁就拥有了创造新的财富的可能，拥有了在激烈的市场竞争中傲视群雄的可能**。因为通过对海量数据的分析，可以发现行业的运行规律、市场的偏好与机会等最为宝贵的信息，从而让企业决策变得更加有的放矢。

电子商务是大数据技术的有效运用，其用互联网的方式能聚合消费力，引导和激发消费力，从而激发巨大的内需增量，将引发产业的巨大变革。预计到2018年，阿里巴巴电子商务全年交易额会达到7万亿元，其中1/3是新启动的内需。由此可见，电子商务在启动内需方面的潜力。

大数据将促进智慧城市建设，使城镇建设走上以数据流动方式配置资源的新型发展道路，通过物联网、智能地图、智能交通、智能物流、智能社区、智能医疗、智能教育等新的方式，使资源可以在城镇和乡村进行高效配置，推进城乡一体化发展。大数据还将带动物联网、服务器、应用软件等数据技术产业，定位、支付、邮件等数据采集业，数据挖掘、数据分析、数据咨询等数据加工业、数据应用业的发展。未来以政府、电信、教育、医疗、金融、石油石化和电力等行业为重点的大数据应用将直接拉动整个社会的应用规模，将使数据业务成为各行各业的主营业务，围绕大数据，企业将向分析即服务升级转型，从而改变各行各业的业态。

大数据必将推动政府管理工作革新。依托大数据的发展，有利于节约政府投资、加强市场监管，从而提高政府决策能力，提升公共服务能力，实现区域化管理。利用大数据整合信息，将工商、国税、地税、质监等部门所收集的企业基础信息进行共享和比对，通过分析，可以发现监管漏洞，提高执法水平，达到促进财税增收、提高市场监管水平的目的。特别是基于城市网格化的管理需要一个统一协调的管理信息整合，各类基础资源和信息都应该是共享的，大数据可以实现这一点。**通过充分利用大数据的各类资源，发挥城市网格化管理效用，达到最大程度的共享应用，以提升城市和社区的服务质量，提高服务能力，加强服务管理，创建服务型社会，使城市管理工作和社区服务水平迈上更高的台阶。**有了大数据的强有力支持，还能逐步实现立体化、多层次、全方位的电子政务公共服务体系，推进信息公开，促进网上办事实时受理、部门协同办理、反馈网上统一查询等服务功能，加快推进智能化电子政务服务和移动政务服务新模式的初步应用，不断拓展个性化服务，进一步增强政府与社会、老百姓直接的双向互动、同步交流。

第十讲

# 不断加速的数字化进程

在信息技术领域，短则10～15年，长则20～30年，信息技术会出现一次不连续的突变。今天，信息技术的突破还在加速，技术创新处于活跃期，创新成果的应用在不断深化。互联网正在与传统产业相互融合，以一种摧枯拉朽的态势颠覆现有经济与金融体系的基础，重塑当下的经济社会结构与面貌。

这世界变得愈来愈快，一切进程都在加速进行中。没有最快，只有更快，速度至上是信息时代的黄金定律。

社会信息化发展历史说明，人类社会的发展方向以及先进程度，是由人们选择的信息处理技术和技术的先进程度决定的。选择不同的信息处理技术，人类的发展方向也会发生改变。不同的技术路径将带来不同的结果。当前，信息技术应用与传统模式相比，呈现移动性（如泛在互联、移动商务）、虚拟性（如虚拟体验、赛博空间）、个性化（如精准营销、推荐服务）、社会性（如社交媒体、社会商务）、复杂数据（如富媒体、大数据）等鲜明的新特征。这些新特征是技术进步和应用创新两者交错互动、螺旋式演化的结果，形成了当前信息化实践和发展的主流。特别是云计算、物联网、大数据等新型计算模式以及社会化网络应用的涌现，进一步凸显了这些新特征，并使得信息的影响力更加突出，正在极大地改变人们的生活方式和社会管理方式。

有学者认为，**物联网、互联网、移动互联网、智能终端等种种发展，似乎是偶然，但反映了现代信息科技的发展方向，是一种内在的必然，共同推动人类的数字化生存。**互联网产生了新闻、影视、电子商务、游戏等数字化内容；移动互联网是互联网的延伸，它解决了人类移动时的互联网接入问题；物联网/M2M（机器到机器的链接）则正在解决将物体的特征数字化的问题。随着物联网、互联网、移动互联网、智能终端、大屏显示系统、云计算平台等的联合应用，物联网上的大数据可帮助人们建立智能监控模型、智能分析模型、智能决策模型等应用，深刻改变人们的生活。

## 四大定律：
# 信息技术呈现阶跃式发展的特征

专家认为，在信息技术领域，短则10～15 年，长则20～30年，信息技术会出现一次不连续的突变。如数字相机替代传统胶卷相机，互联网替代传统电信网，U盘替代软盘，移动互联网的迅速普及等，对人们的工作和生活方式带来极为深刻的影响。

而今天，信息技术的突破还在加速。

IT行业有著名的四大定律，即摩尔定律（Moore's Law）、贝尔定律（Bell's Law）、吉尔德定律（Gilder's Law）、麦特卡尔夫定律（Metcalfe's Law），这是制约、引导信息产业发展的内在规律。摩尔定律和贝尔定律是IT业内人士最熟悉的两个定律，前者断定微处理器的速度会每18个月翻一倍，而后者则认为，如果保持计算能力不变，微处理器的价格和体积每18个月减少一半，这就意味着同等价位的微处理器的速度会越变越快，而同等速度的微处理器价格则会越来越便宜。

在过去的三十年里，这两条定律不仅适用于半导体行业，同样适用于存储容量、显卡性能和显示器性能的发展。有专家认为，未来十年，在量子计算、DNA计算方式普及以前，这两条定律将依然有效，只不过时间周期很可能会缩短到12个月——高端企业将获利于越来越快的计算速度，而基层用户也将得益于越来越低廉的计算成本。未来，计算将以"云计算+智能终端+社会化网络"的形式进一步渗透到人们工作和生活中的每个场景，而且成本越来越低。

同样有效的还有吉尔德定律和麦特卡尔夫定律。乔治·吉尔德认为，主干网的带宽将每6个月增加一倍，比处理器的增长速度快得多。当前，带宽的增加早已不存在什么技术上的障碍，而只取决于用户的需求。而移动互联网的飞速发展已经让部分人率先体验了"永远在线"的工作与生活方式。无限的计算能力和充裕的带宽将为人们生活带来什么？以太网的发明人鲍勃·麦特卡尔夫(Bob Metcalfe)回答说：网络价值同网络用户数量的平方成正比，即N个连接能够创造"N×N"的效益。N平方的效应在脸谱和推特等社会化网络上得到了完美的体现；在中国，验证这一定律的是新浪微博、腾讯微博和微信——在这些网络里，每经过一次转发，N平方效应的爆炸性力量就得到进一步增强。

有报道称，2015年将是移动互联网的元年，人类的信息开始被大规模移动（无线）网络来传输，此时信息增长的速度需要用16乘以

276次方去描述，信息膨胀的速度等同于原子弹爆炸的速度。**移动网络将所有信息归纳到了一块巴掌大的手机"屏"中，这块"屏"将是未来一段时间人类活动的主战场。**

当前信息技术创新仍处于活跃期，创新成果的应用不断深化。人工智能、大数据、卫星通信、物联网、云计算等新一轮信息技术创新应用取得重大突破并向深层次发展。人工智能使得信息系统具有自我管理、自我运行和自我学习能力。物联网的广泛应用使信息采集量成千上万倍地提升。大数据技术能够对大量、繁杂、多变的数据进行挖掘和系统分析处理。卫星互联网打破地形、地域等界限，将信息传播到地球每一个角落。云计算使得信息系统朝大型化和微型化方面发展。一方面，拥有超高速的计算能力、大容量的存储空间和强大集成功能的云计算中心成为在空间上集中分布的超级系统，另一方面，云计算按需定制的服务模式满足企业业务类型复杂多样的现实需求，企业只需根据需要购买相应部分模块和服务。

**信息技术与生物技术、新能源技术、新材料技术等交叉融合，产生了诸如智能可穿戴设备等智能产品，实现了对个人的健康管理、生活管理等智能服务。**近一年来，智能消费终端已经在加速推出，谷歌眼镜、X-Watch、智能腕带、智能运动鞋、自动驾驶汽车，甚至扫地机器人，越来越多的设备具备了智能，越来越多的力量也在寻求跨界连接的标准。

还有学者指出，智能手机或许无所不能。手机不但是Offline到Online的连接点，也是各大智能消费终端的连接点，腕带、手表、运动鞋、汽车等越来越多的智能终端都将与手机相连，手机将是物的展示窗口，也是物的控制点，逐步形成星型结构。再往后发展，物和物不经过手机再相连，形成网状结构之时，2.0就将出现。

目前还有人在做穿在身上的"智能服饰"——将电子零件结合到柔软的布料上。智能服饰的主要应用范围应该会在监控医疗与锻炼上，比如适合聋盲疾者手戴的Mobile Lorm Glove产品，可将短信内容翻译成字母并让用户感觉到。但同时也有可能会扩大到娱乐层面：比如拍拍衣袖就可以调低扬声器的音量，随时改变身上衣服的颜色，甚至在T恤衫上随时更换上面的图案或字样。已经有一家创业公司开发的Social Denim社交牛仔裤，可以让用户更新脸谱状态。通过装配蓝牙功能，这些牛仔裤可以与智能手机进行交流，根据位置信息更新状态。

而谷歌正在研发的智能手套，指端有摄影机、罗盘、陀螺仪、时速表与其他动作探知器，以及处理器、记忆储存卡和无线通信的配备。而智能手套的应用有无限可能：操纵电脑界面、增强视觉效果、定位导航、医疗人员可远距触诊、只要动动手指就可点击虚拟键盘等。微软研究院也开发了用于跟踪手部动作改进虚拟探索的腕带式数字系统，通过将红外激光、摄像头和扩散器结合起来，制作出能探测佩戴者个人手指运动的数字手指。

也许十年后，苹果手表或者谷歌眼镜将成为人体的一部分，就像皮肤、手臂一样，不用时刻惦记它，它与你如影随形。在更远的未来，手机可能只需向人体植入芯片，而Siri将能直接通过对话帮你打电话，帮你订餐馆，了解你的一切隐私，跟你的亲密程度甚至超过你的家人——可能谷歌眼镜和苹果手表都不再是植入人体的芯片了，他们已经成为人体基因的一部分，可以参与人类的繁衍和进化。

**软银创始人孙正义大胆预言：未来，所有的事情会通过物联网被连接起来。**无论是眼镜，还是衣服、鞋子、墙等，甚至一头牛都有可能被物联网连接起来。今天每个人大概只有两个移动设备，三十年后，每个人被连接的设备数量可能会达到一千个。

有网民这样描述，在未来的十年，芯片将与超级敏感的传感器结合，使我们能够检测疾病、事故和紧急事件，在失去控制之前提醒我们。在一定程度上，它们能识别人的声音、面孔和用通常的语言谈话。它们将能够创建我们今天只能梦想的整个虚拟世界。大约在2020年，芯片的价格将跌到大约一分钱一片，相当于废纸的价格。那时将有几百万芯片分布在我们的周围，默默地执行我们的命令。**到2100年，计算机能力的迅速发展将给予我们曾经崇拜的神话中神那样的能力，使我们靠纯粹的思想就能控制周围的世界。**

还有专家指出，未来的物质世界将变成一个巨大的物联网。在这个信息物理系统中，物体与机器可以自我管理并持续自我改善。机器与人工智能的完美应用将在未来几十年内迅速普及，不断挑战人在工业生产与决策过程中的价值和可靠性。从市场营销、客户关系到人力资源管理，新一代机器将为企业组织带来翻天覆地的变化。所有的产品将有数字化记忆，相当于一种微缩"黑匣子"，被植入每个产品中，记载该产品在生产、维修、回收过程中的所有信息，就像航行日志或产品历史记录仪。有了这个记录，产品之间可以相互交流或与消费者沟通。

重塑所有产业：

## 信息革命将加快社会变革

过去的十多年中，从电子邮件到即时通讯，从ＷＷＷ到博客、微博，从桌面互联网到移动互联网……新鲜的名词、应用和媒体形态层出不穷。经验和理论都表明，我们正生活在一个媒介技术急速创新的年代。一个广为引用的数字是，从0到5000万用户，电视用了13年，而微博只用了13个月。微信崛起的时间更短。在移动时代，众多支离破碎的个体，看似松散却可以瞬间结成网，也可以瞬间产生链锁聚变反应，释放出巨大能量。在可以预见的未来，新媒体将愈加深刻地渗入并改变我们的生活，重塑人们的交往形态、消费形态以至社会结构。从这个意义上说，"下一个"是什么并不重要，重要的是如何看待和应对。

今后的二十年，互联网将有力量改变和塑造所有的产业，银行、医院、教育、交通领域都要被互联网化。现实社会网络化和网络社会现实化并存发展，将导致网络虚拟社会与现实社会趋同并最终合一。

信息科技革命还将进一步颠覆现有经济与金融体系的基础，这种力量几乎是势不可当。专家认为，随着智能机器人替代工人的工作，科技进步带来的失业规模还无法预测，但这个风险注定在各个国家长期存在。各国政府在保护其国民抵制巨大的经济及社会动荡之时将遇到越来越多的困难。在即将到来的新一轮技术大潮中，人类必须不断赋予技术价值观以新的理解、新的含义。

小米的奇迹：

## 速度至上的时代

比尔·盖茨在《未来时速》中指出：二十世纪八十年代注重产品质量，九十年代是形象设计，二十一世纪，将是速度至上。速度至上将打破人们原有的思维模式、行为模式以及商业模式。

信息时代的黄金定律是：没有最快，只有更快。

　　在美国，曾有人问著名的经济学家：在二十一世纪什么产品好卖?回答是，好销的产品有三个特点：优质的产品、快捷的服务、价格趋于零。

　　如今，互联网正在与传统产业相互融合，以一种摧枯拉朽的态势重塑当下的经济结构与面貌。在互联网的冲击下，一些曾经被认为是牢不可破的惯例正在被一一打破，一些传统的商业模式和服务手段正在被颠覆，一些旧的规则正在被新规则取代，新常态正在逐步建立。正如有专家指出的那样，**唯一能让企业免于速朽的，就是企业的快速刷新（自我颠覆加自我重建）的能力。**

　　与其他产品和服务相比，互联网公司的产品更灵活，旧版本推出之时，就是新版本调研的开始，技术团队不断根据外界的反馈，完善产品，逐步优化。不怕失败，敢于试点，历数成功的产品，在成功过程中，都经过多次用户吐槽的"洗礼"。与其他领域不同，互联网产品的规模经济更为明显，如果进不了一个领域的前三名，很难有机会生存，甚至只有第一名，才能得到外界的认可。这就要求互联网公司在快速完善产品的过程中，营销手段不断创新，不断突破，充分利用各种宣传机会。

　　雷军认为，小米公司的快速成长，成功的原因在于在当前环境下走出了一条互联网手机的发展模式：一是用互联网的思维来做传统的终端；二是做高体验的软件系统；三是做高品质、高性能的硬件；

四是价格足够便宜，有竞争力；五是采用电商销售的模式。**小米最重要的是什么？是在互联网上和百万网友一起做产品**，这个像什么？像中国共产党的群众路线，从群众中来到群众中去，相信群众，依赖群众。小米论坛每天有80万的粉丝在线，每天产生20多万条帖子，网友们帮着小米公司做了各种各样的设计，推广小米的产品。

雷军还将小米手机的成功归于七个字：专注、极致、口碑、快。雷军说："专注就意味少就是多，大道至简；而极致就是做到自己能力的极限，把自己逼疯，把别人逼死；口碑非常重要，产品要超越用户的预期；快就是天下武功，唯快不破。"当业内同行都在以6个月为周期推出新品时，小米每款产品的生命周期都在18个月，这在当下极为罕见。

第十一讲

# 读图时代的挑战

在当今信息传播立体化、多样化的时代，人们获取信息的方式也发生了重大变化，调动眼、耳等多种器官，在最短的时间内获取最大量的信息，似乎成为当代大多数人的选择。随着信息技术的发展，即时拍、微电影等视听新媒体越来越呈现融合化、移动化、社交化、平台多元化、人性化的特征。信息内容的图片化、可视化使这个世界更加扁平，但碎片化的信息接收对社会信息管理无疑是个巨大的难题。

信息时代传播方式的变化也在改变着人们接收信息的方式。信息因为人的存在而有意义。人又是通过大脑来认识信息、处理信息的，人脑则通过眼、耳、鼻、肤这些信息拾取器官获得环境中的信息，通过意识思维来读取、判断、处理信息。在当今信息传播立体化、多样化的时代，人们获取信息的方式也发生了重大变化，调动眼、耳等多种器官，在最短的时间内获取最大量的信息，似乎成为当代大多数人的选择。而图片、影像等多媒体技术能够满足人们的这种需求，于是，当今社会悄悄进入了读图时代。这将导致人们的生活方式以及企业运营方式、政府部门管理方式的一系列变化。

微信崛起：

## 信息传递的可视化

数据可视化，指将数据信息的"量值"或"关系"等转变为直观的图形。在信息处理技术中，数据并不仅指数值型的信息（即我们常说的数字），也可指文本、图片、音视频等其他类型的信息。数据的可视化加工，目前主要指将数值型、文本型的数据及其关系用视觉化手段，如图片、动画等形象呈现出来。但在未来，声音等数据的可视化分析也将越来越普及。

手机传递图像所受到的广泛欢迎使人们对以往的"读图时代"予以再认识，因为图像的信息传递更加集约、形象、生动，也能够顺应节奏快捷、信息海量环境下的新需求。最有说服力的例子是微信的流行。微信已成为当前智能手机最热门的应用。作为手机上的即时通信工具，微信既能发短信，又能发语音，还能发视频和图片；既能单聊，也能群聊，人们可以随时随地拍照片即时上线，还能根据地理位置进行人际互动，与陌生人群进行移动的社交体验。因此，信息产业界都在关注信息传递的可视化问题。

两年前，国内互联网企业美图秀秀推出一款名为"Meitukiss"的手机，主要受众是喜爱自拍的年轻女性。在媒体对该公司的访谈中，公司负责人透露了几点信息：图片占互联网信息流量在一半以上，微博里图片+文字占40%以上，微信里更是高达90%以上。该企业在打造自拍手机这一概念之前，已经对互联网图片市场有一个清晰的预估，再加上卡西欧自拍神器的热卖，美图秀秀手机热卖并不偶然。

《纽约时报》2012年12月的多媒体专题报道《雪崩》（Snow Fall）大获成功：发表六天便收获了290万次访问和350万浏览量，这一专题报道的作者约翰·布兰奇（《纽约时报》体育频道记者）也因而获得了"普利策特稿写作奖"。这则报道不同于以往的报道形式，包括六部分扣人心弦的故事，故事通过交互式图片、采访视频以及知名滑雪者的传记等多元化的方式呈现。整个报道不仅有文字，有图片，也有让人如入真实之境的视频。

### "低头族"和"指尖族"：

## 更多的图片、更少的文字

专家分析，当前无论在国内还是国外，图片所占互联网内容的比重越来越大，这一领域也成为互联网巨头收购最密集的地方。从推特、汤博乐（Tumblr）和图亨（Instagram）等明星级产品可以看到，社交媒体的发展趋势是更多的图片、更少的文字。一方面，图片能直观地传达内容，面对一大段文字，我们则需要进行思考或者逻辑分析，这无疑凭空增加了成本。另一方面，几乎每个人都可以拍一张照片，写一句话，但并不是每个人都具备写一段逻辑完整或者晓畅优美的文字的能力。另外，那狭小逼仄的手机屏幕和碎片化的时间，更将大段文字式的内容挡在移动互联网的门外。

据2013年1月中国互联网络信息中心发布第31次《中国互联网络发展状况统计报告》显示，2012年6月手机首次超越台式机成为第一大上网终端。截至2012年12月底，手机网民规模上升至4.2亿，网民中使用手机上网的用户占比由69.3%提升至74.5%。手机已成为信息载体的首选。在数字信息服务多元化和多样化的环境下，广大的数字服务消费用户期盼数字信息服务能跨越所有设备，构建起统一、整合的体验和服务。

据报道，近年来，中国视听新媒体进入迅猛发展的时期。视听文化已经成为中国文化产业发展最为活跃的新生力量，成为人们精神文化生活的组成部分。截至2012年底，中国网络视频用户达3.72亿，网络音乐用户达4.36亿，中国网络视听节目服务市场规模达92.5亿元，广告市场规模达67.2亿元。想象一下，**全国13亿多人中，已经有近三成的人在通过网络观看视频，已经有超过三成的人在通过网络欣赏音乐，人群之庞大，令人瞩目。**

调查显示，移动互联网的泛在互动功能与随意的体验情趣对广大青少年具有极大的吸引力，众多80、90、00后已很少看报纸和电视，成为新一代的"低头族"（低头看屏）和"指尖族"（手指触屏）。

还有一个深受年轻人喜爱的新生事物是"微电影"。在2006年，曾有一部《一个馒头引发的血案》在网络上迅速走红，自此，开启了网络剧、微电影制作与传播的先河。之后的几年，各大视听节目网站在播的微电影作品吸引了网民数十亿次的点击量。以优酷网为例，其线上微电影累计点击率超过3亿次。姜文2011年执导的微电影《看球记》，上线三天点击率就突破1000万次。微电影的庞大受众群引发传统电视播放平台的关注，已经有越来越多的省级卫视频道推出微电影栏目。

有互联网行业人士指出，未来图像信息、声音信息技术将会有巨大的市场。移动网联和智能技术、生物技术的结合，将是互联网行业发展的大趋势。

专家指出，中国乃至全球视听新媒体都越来越呈现融合化、移动化、社交化、平台多元化、人性化的特征。随着视听新媒体参与主体向产业链上、下游环节渗透，视听发布平台越来越丰富、多元并趋向开放、共赢。**视听新媒体使人们在媒体消费上摆脱了对时间、地点、环境、终端、平台等多种因素的依赖，完全围绕着人本身不断变化的需求，持续性地提供日新月异的各类服务，实现视听无处不在、随手可得、精准送达。**

有网民指出，互联网内容的图片化使这个世界更加扁平。在互联网出现之前，图片的传播受限于纸制媒体，如今，图片借由网络传遍世界各地，没有时差，更没有语言障碍。**无怪乎有人称：未来的文盲将不再是不识字的人，而是读不懂图片的人——一个游离于互联网时代和精神的人。**

受众变懒：
## 信息图片化传递带来的复杂影响

移动、互连、读图（多媒体信息），当今时代人们获取信息的

**方式已经多样化，但获取信息却是个碎片化的过程。**今天的媒体，特别是网络媒体，面对着一个极大的矛盾：一方面是信息的高度过载，另一方面是受众变得越来越懒这样一个现实。人们无所不在地获取信息，甚至发布、产生信息，但获取和产生的信息多是零碎的、不连贯的，而人们的思想和行为，容易为这些碎片的信息所左右。这对社会信息管理无疑是个巨大的难题。

首先，图片化的互联网内容表达给新闻媒体带来新挑战。有专家指出，图像纯粹是一种视觉产物，不能从逻辑上辨别，也很难像文字一样互证真伪。**图片是放大镜，文字是显微镜；前者吸引目光，后者赋予意义。揭露事实和表达价值观，图像远远不如文字有力量。**正因为如此，新闻媒体的中立性、真实性、专业性才显得至关重要。正如奈斯比特在《大趋势》一书中所指出的那样：**我们被信息淹没，但是却渴求知识。**在这个信息碎片化的时代，新闻媒体特别是主流媒体，尤其要注重研究传播规律，发挥好自己的专业优势，善于引导舆论，树立公信形象。一句话，新闻媒体的专业性、真实性、条理性有着不可替代的作用，而且这种作用会更加突出、重要。必须重视研究舆论的质量（舆论包括的信念、情绪、态度、意见中的理智成分与非理智成分的对比，即舆论的理性程度的高低。理性程度越高则质量越高）问题，发挥好主流媒体在提升舆论质量中的作用。要加强新媒体特别是社交媒体领域的力量投入和布局，加强相关机制建设，争夺舆论影响力。面对互联网内容图片化趋势，新闻舆论引导工作要占领内容阵地，必须在视频等多媒体制作上下功夫，在宣传内容可视化方面做文章。当然，**将枯燥的信息与数据转换成美丽的、能给人深刻印象并且有意义的图像，需要的是新闻素养、技术素养与艺术素养的结合，这对今天的媒体人、传媒教育来说，都是一个重要的挑战。**

其次，要重视图片化传递信息方式异化对公共安全稳定的影响。随着图片PS技术的广泛应用，普通民众也可以随意修改、编写新闻图片，进行声音的仿真，这种以假乱真行为的负面社会效应也在逐渐显现。近年来，在一些国际争端中，西方一些新闻机构受各种利益势力影响，发动对别国政权的舆论战，有目的地制造一些假电视新闻，对民众进行精确投放，以达到混淆视听的目的，引起了舆论的普遍关注。多媒体信息具有传播快、受众广、视觉冲击力强、容易被受体接受等特点，因此，如何在处置重大突发事件过程中，及时识别、拦截、澄清、应对多媒体形式出现的各种谣言，对相关管理部门是个很大的挑战，我们需要在技术手段上、机制方法上寻找有效办法。

第三，要研究信息传播方式改变对决策管理的影响。近来一些研究大数据问题的学者指出，大数据的意义在于通过数据信息的分析研究为企业决策管理提供强大支持。为了从大数据中最大限度地获取价值，用户需要不断地与数据进行可视化的交互。电子表格做不到这一点。而一个直观的UI（指用户界面，反映用户与界面的交互关系，在可用性分析过程中让接受者视觉效果达到最佳状态，从而有效接受制作者所要表达和传递的信息）可以很容易让企业接受冷冰冰的大数据，而这反过来也可以让企业通过大数据进行更好的决策。对于大数据应用来说，每天都和数据打交道要比每个季度看报告所能获取的价值多得多。

对管理高层来说，如何在最短的时间内掌握最大量的有效信息，是影响决策的一个至关重要的因素。也许在不久的将来，我们的调研报告等，将会更多地通过多媒体形式进行展示，通过图像数据直观地表达观点，反映真实情况。毕竟，数据图片、声像传达，比文字更有冲击力，也更有交互性。

第十二讲

# 信息消费和互联网经济

信息时代一个重要特征，就是人们信息消费的大众化，信息消费品生产的产业化和信息手段的高度现代化。信息时代是虚拟经济和实体经济相互结合的时代，消费市场发生了根本变化，以信息消费为特征的文化创意产业、信息服务业发展迎来了黄金时期。

信息技术的创新改变了商业规则，互联网经济的发展带来新的商业文明。电子商务、移动经济、"互联网＋"兴起，传统行业在与互联网的融合与重构中，正在实现资金流、信息流、物流的"三流融合"，经济结构、产业或服务全面转型升级就在眼前。

近年来，随着大量新兴技术、新型信息产品、新颖网络应用形式的出现，网民数量剧增，网络消费群体不断扩大，社会经济活动方式也发生了重大变化，电子商务、网络经济、智慧城市建设等方兴未艾，实体经济和虚拟经济的结合，将是经济活动发展的重要方向。一批信息化巨头正在涌现，改变世界经济版图。

"风口"：

## 信息消费业发展的黄金时代

信息时代的一个重要特征，就是人们信息消费的大众化，信息消费品生产的产业化和信息手段的高度现代化。电视技术也好，卫星传送技术也好，电脑设计技术也好，互联网络建设也好，归根结底都是围绕着人们的信息消费，并以满足这种消费为终极目的而发展出来的手段。

信息消费，是指以信息产品、信息服务和基于信息技术的新业态为内容和模式的消费活动，既包括纯信息产品和服务的消费，也包括与信息技术高度融合的工农商业产品和服务的消费。

**按照发达国家经验，消费一般沿着"衣食—住行—康乐"路线呈**

现由商品到服务升级的规律。信息消费既包括代表消费升级的信息产品和服务，如软件、数字出版、互动新媒体、移动多媒体等，也包括信息技术"武装"的工农业产品和信息产业发展的载体，如物联网和云计算的应用、智能终端产品和信息基础产业等，同时还是消费模式的创新，如电子商务改变了传统有形市场的模式和理念。

有学者指出，从产业发展的角度看，人的需要是产业发展的最大动力，而人类的欲望是从最简单的基本生存型发展到方便实用型，又从娱乐享受型发展到健康保健型，最后发展到精神境界型，并形成了不同的经济现象。人的欲望发展越来越追求无形，并不断追求精神财富的价值。信息时代是虚拟经济和实体经济相互结合的时代，无形是有形的反应，有形是无形的延伸，消费市场发生了根本变化，**以信息消费为特征的文化产业发展迎来了黄金时期。**

近二十年来，影视音像、广告创意、娱乐演出、新闻出版、网络游戏等第三产业得到快速发展，奢侈品市场不断扩大，各类企业努力在各类文化产品上增加信息含量，以满足不同人群的文化需求。据工信部测算，信息消费每增加100亿元，能拉动国内GDP增长338亿元，经济结构也将进一步优化。

专家预计，信息服务产业可能是最具有时代特征的、快速发展的热门产业。人们通过向别人提供自己所拥有的信息资源或信息工具，进行信息服务，从而获得可观的经济收入。画家、作家、记者、书法艺术家、影视舞歌星和模特、经纪人、编程员、广告创意制作者等将很受社会欢迎；律师、时装设计师、发饰设计师、心理医生等职业从业人数大量增加；股票交易所、职业介绍所、旅游风景点等成为人们经常光顾的地方；新闻出版教育、电视台、电信服务等信息服务行业将大放光彩；卫星、电脑、电视接收机、手机、软件等信息技术产业不断成长。庞大的信息技术和信息服务产业，将具有无与伦比的经济价值，不断形成新的经济增长点。

让中国经济飞起来：

## 技术创新改变了商业规则

互联网经济最大的特点是出现了技术大爆炸，信息变得更快、更准、更有价值，让交易成本大大降低。

阿里巴巴的工程师认为，由信息技术革命引发的生产力、生产关系和生产方式的变革，会在此基础上推动形成新的经济、社会和文化的文明范式和进步状态。**新商业文明带来新的生产力，将实现从工业革命向信息革命升级的技术进步，并推动以诚信为标志的社会资本所有制变革、以分享为标志的分配制度变革、以责任为标志的管理制度变革，形成新的制度文明体系。**十九世纪末二十世纪初的美国，在铁路网络、电话网络、电力网络等商业基础设施之上，一举奠定了工业文明的完整体系：大生产（如福特）+大零售（如西尔斯）+大品牌（如宝洁）+大物流。今天的网络化与全球化，也正在加速构造一整套完整的信息时代新体系。新商业文明将带来新的生产方式，采用信息化生产方式。通过信息化和工业化的深度融合，实现生产方式和商业模式的深度创新。

还有专家指出，我们正在从工业经济以物为代表的时代全面走向信息经济的时代，信息处理计算能力会像电一样变得成本极为低廉，非常简单方便，无所不在。我们面临的商业模式将是以个性化营销为龙头的大规模定制。

互联网催生了商务电子化。新兴电子商务应用是信息化在贸易、流通和零售等领域的主要战线，涉及电子商务各参与者（买方、卖方、平台服务提供方等）。电子商务应用具有移动性、虚拟性、个性化、社会性、复杂数据等新特征，在客户行为与体验、产品营销和推荐、商务安全、平台建设和服务品质、物流配送等方面产生一系列创新，能有效聚合、引导和激发消费力，从而激发巨大的内需增量，引发产业的巨大变革。一项英国的研究数据显示，到2013年，全球互联网用户将达到全球人口的三分之一，与此同时，B2C（企业对消费者）电子商务的全球交易量将逾1.25万亿美元。根据弗雷斯特研究所（Forrester Research）估计，中国电子商务销售额年增长率将达到20％左右，预计从2012年到2016年，将从1600亿美元上升到超过

3500亿美元。预计到2018年，这一数字会达到7万亿元。2011年全国农民网店（含县）新增68.28万家，超过此前总和，越来越多的农民直接或间接参与到电子商务中，互联网开始成为农民致富的重要途径。有业者判断，在信息技术领域，未来十五年，将是电子商务，包括个人电子商务与企业电子商务发展黄金时期。

**移动互联网和移动应用的快速发展，不仅带动了移动产业的发展，也催生了"移动经济"这一新概念。** 移动行业的飞速发展为全球经济发展作出了重大贡献。据媒体报道，2012年，由设备生产商、网络运营商、内容供应商和基础设施制造商构建的移动生态系统共创收1.6万亿美元，占世界生产总值的2.2%，其中，移动通信运营商所创造的财富约占全球经济的1.4%。预测认为，移动生态系统未来有望为全球经济贡献10万亿美元。移动互联网已经成为技术发展最快、市场潜力最大、前景最为广阔的新兴产业，并改变了整个科技产业和创业环境。特别是第三方硬件设备＋智能终端App＋云服务，创造出一些全新商业模式，让市场逐渐刮起一波可穿戴式设备潮。独立市场研究机构弗雷斯特研究所的报告《智能人体，智能世界》指出，下一次计算革命将来自"穿戴式设备"，而非智能手机和电脑。穿戴式智能设备将是下一波创新周期的起点。智能消费终端已经在加速推出，谷歌眼镜、X-Watch、智能腕带、智能运动鞋、自动驾驶汽车甚至扫地机器人，越来越多的设备具备了智能，谷歌眼镜可以通过声音控制拍照、摄影、视频通话、上网、导航、购物等功能，是未来穿戴式智能终端的发展方向。有市场机构预测，2017年，可穿戴式无线设备市场将由2011年的2077万台增长到1.695亿台。

大数据、云计算等信息技术将更加深入地融入企业的生产和经营活动中，并激发出巨大的市场需求。目前广泛流行的云计算平台，以及集成各类商务服务和海量用户、可提供云计算服务的各类电子商务服务平台，正在成为信息时代最具代表性的商业基础设施。据国际数据公司（IDC）预测，到2015年，大数据技术和服务市场将从2010年的32亿美元增长到169亿美元，年复合增长率达到39.4%，几乎是整个信息和通信技术市场年复合增长率的七倍。2013年4月底，美国通用电气宣布投资10亿美元，开始在硅谷打造一个"工业互联网"平台。这个平台将通过安装在通用旗下大至飞机，小至激光手术刀等数万种产品上的传感装置，通过网络将设备运行状态数据实时传至平台，通过各种软件进行分析检测，以有效地确认各类设备的良好程度，以及时进行设备优化和维修更新。据测算，等到平台建成，仅在能源和交通领域，就可以较现有维护系统减少1500亿美元的浪费。

越来越多的领域，越来越多的产业，在创新上都走上依靠"计算机—互联网—大数据"这一道路，"计算机—互联网—大数据"的影响力正在越来越明显地覆盖社会生活的方方面面。随着整个社会日益呈现分布式和社交化的趋势，商业模式也将随之改变。微软、腾讯、百度、阿里巴巴这样的大公司将不断创新，更强调服务、平台化。创业的门槛降低而效率大大提高，更多创业者纷纷崛起。很多个人可能只需要一台电脑或一部手机，通过互联网，就可以成为生产者和商品、服务的提供者。淘宝店这样的模式会越来越多。

**更多创意的、轻资源的产业将会大发展，劳动密集型和占用很多资源的粗放型发展模式会越来越难以生存。**制造业需要有高创意和知识含量。以3D打印为代表的新兴数据化制造业发展，将重新定义众多产品制造业的产业链和商业模式，从数据到实物的转化将进入低成本、大规模、打破时空界限的全新历史阶段。**知识创新将左右现代经济的命脉。**

**物联网和智慧城市建设是信息化在公共基础设施和服务系统领域的主要战线。**基于传感技术的物物互联和基于互联网的人人互联以及它们的集成应用，将使社区、交通、医疗、教育、消费、物流等服务平台和城市现代化具有更高水平。智慧政府、智能交通、智慧能源、智慧物流、智慧环保、智慧社区、智慧楼宇、智慧学校、智慧企业、智慧银行、智慧医院、智慧生活以及这些智慧行业之间的跨行业应用，将有效提升城市发展水平、生活质量、区域竞争力，推动城市可持续发展。

据媒体报道，2013年，我国互联网教育、互联网医疗、互联网旅游等传统行业与互联网技术相结合而形成的"互联网＋"模式，正在从产品形态、销售渠道、服务方式、赢利模式等多个方面打破行业原有的业态，将越来越多发端于"线下"的传统行业植入互联网之中。传统行业在与互联网的融合与重构中焕发新生：通过向互联网迁移，与之融合或者整合，可以实现资金流、信息流、物流"三流融合"，带来产业或服务的转型升级。**互联网的"躯壳"与"灵魂"一旦附着某一传统产业，便形成新的平台，产生新的应用**。研究显示，2004年至2012年，我国网络教育市场规模实现了22.5%的年均复合增长率，预计到2015年，在线教育市场规模有望达到1745亿元。据国际数据公司（IDC）预测，到2017年医疗行业IT花费将达到336.5亿元。零售、批发、制造、广告、新闻、通信、物流、酒店与旅游、餐饮……几乎所有的传统行业、传统应用与服务都应该而且能够被互联网改变，"互联网+"模式将给各个行业带来创新与发展的机会。

也许不久的将来，网络经济业将成为IT业、媒体业、娱乐业、商业、金融业等诸多行业的领军者，形成一个巨大的互联网生态系统。企业与企业、企业与员工、企业与消费者、企业与社会等，都将发生一系列的与信息时代相适应的制度变迁，**信息时代的商业文化将呈现透明、诚信、平等、开放、分享等特质**。

很多企业家认为，在新技术带来的商业文明制度下，中国有机会赢得先机。站在过去三十年发展的基础上，中国的先进制造业将在信息技术时代获得更高的产业位置。影响未来创新产业的地理分布的因素是智力资源的分布，中国有全世界规模最大、素质最好的人力资源，新的产业分布将有利于中国。未来的智慧产业，会像传统制造产业一样向中国积聚。

## 实体经济转型升级：

# "互联网+"一个新的经济形态

当前，最热门的词汇莫过于"互联网+"。在2015年的两会上，李克强总理在政府工作报告中提出要制定"互联网+"行动计划，推动移动互联网、云计算、大数据、物联网等与现代制造业结合，促进电子商务、工业互联网和互联网金融健康发展，引导互联网企业拓展国际市场。"互联网+"概念的提出，引发了社会各界的广泛讨论。

"互联网+"被写入政府工作报告，表明"互联网+"正在成为一种新的经济形态。专家认为，"互联网+"本质上是发挥互联网在生产要素分配中的优化和继承作用，提升实体经济的创新力和生产力。

全国人大代表、腾讯董事会主席兼CEO马化腾是"互联网+"战略的倡议者。他认为，"互联网+"战略就是利用互联网的平台，利用信息通信技术，把互联网和包括传统行业在内的各行各业结合起来，在新的领域创造一种新的生态。

阿里研究院撰写的《"互联网+"——中国经济新引擎》报告中

给"互联网+"下了定义：所谓的"互联网+" 就是指，以互联网为主的一整套信息技术（包括移动互联网、云计算、大数据技术等）在经济、社会生活各部门的扩散、应用过程。

中国工程院院士、中国互联网协会理事长邬贺铨认为，"互联网+"是互联网功能的增强和应用的拓展。互联网的应用从面向网民个体到面向企业的拓展，从消费互联网到产业互联网的跃升，可以说"互联网+"是互联网技术演进和互联网化深入的新阶段。"互联网+"阶段与消费互联网阶段不同。在消费互联网阶段，网络是互联网发展的载体，网民是驱动力，互联网企业是主体。在包括产业互联网的"互联网+"阶段，O2O是载体，市场是驱动力，实体经济企业与互联网企业是主体，互联网企业在"互联网+"行动中将发挥开拓者作用，但"互联网+"的成功更需要实体经济企业发挥主力作用和政府的引导。

学者们普遍认为，当前，全球互联网产业规模不断扩大，互联网在经济和社会发展中的重要性日渐提升。在此背景下提出的"互联网+"概念，意味着互联网可以帮助更多行业实现转型升级。"互联网+"对传统产业不是颠覆，而是换代升级，如互联网的出现并没有彻底颠覆通信行业，反而是促进了运营商进行相关业务的变革升级。在交通领域，移动互联网和传统的交通出行相结合，改善了人们出行的方式，增加了车辆的使用率，推动了互联网共享经济的发展，提高了效率，减少了排放，对环境保护也作出了贡献。

有业者认为，我国推动"互联网+"有着成熟条件：一是基础网络设施建设已基本就绪。我国的基础宽带和移动宽带建设取得了令人瞩目的成绩，截至2015年2月，我国8Mbps及以上宽带用户总数近9000万，其中光纤接入FTTH/0用户占比达36.9%。我国移动宽带用户（3G+4G）总数达到8.83亿户，随着4G国内的建设，国内移动宽带水平将上一个新台阶，基础网络设施的普及为我国推进"互联网+"构建了坚实硬件基础。二是互联网消费习惯已逐渐形成。据工信部数据，2015年1~2月，我国手机用户月户均移动互联网接入流量达到281.7M，同比增长75.1%。海量的互联网用户完全可以构成一个强大的消费闭环，可以拉动巨大的需求，各行业甚至不用拓展海外市场，仅仅满足国内需求就可以成长为巨人。

不少学者认为，"互联网+"将无所不在。"互联网+"不仅正在全面应用到第三产业，形成了诸如互联网金融、互联网交通、互联网医疗、互联网教育等新生态，而且正在向第一和第二产业渗透。在行业的进化和优化过程中，将诞生更先进的产业形态、商业模式和伟大的企业，从而提升整个国家的竞争力。

"互联网+"也正在构建大众创业、万众创新的更广阔空间。正如一些学者提出的，"互联网+"应成为大众创业、万众创新和增加公共产品、公共服务"双引擎"的平台与动力，以互联网的开放、包容、群智、创新的思维改革生产关系，营造有利于经济社会发展的体制机制，通过一个一个产业的互联网化，引发发展模式的变革与潜力的释放，提升核心竞争力，保证长期可持续发展，这应该是"互联网+"行动计划的使命。

第十三讲

# 被大数据改变的思维方式和决策方式

　　大数据正在改变我们的思维方式，让我们从因果关系的串联思维变成了相关关系的并联思维，数据的挖掘与分析将成为大数据的最大价值，相关关系可以帮助我们捕捉现在和预测未来。这颠覆了千百年来人类的思维惯例，也对人类的认知及与世界交流的方式提出了全新的挑战。

　　大数据的决策模式遵循数据转变为信息、信息转变为知识、知识涌现出智慧的流程，专家系统和智库的作用将更加突出。

　　但大数据技术不是万能的，不能解决一切问题，它只是决策的一种量化手段。在应用信息科学和大数据技术提高国家社会管理和决策能力的同时，不能忽视决策过程中深层的社会和文化因素。

几乎无所不能：

## 大数据的核心价值就是预测

　　大数据专家维克多·迈尔·舍恩伯格在《大数据时代：生活、工作与思维的大变革》中指出，**大数据的核心就是预测**。这个核心代表着我们分析信息时的三个转变。第一，在大数据时代，我们可以分析更多的数据，有时候甚至可以处理和某个特别现象相关的所有数据，而不再依赖于随机采样。第二，研究数据如此之多，以至于我们不再热衷于追求精确度。第三个转变因前两个转变而促成，即我们不再热衷于寻找因果关系。

　　学者们认为，**大数据改变了我们的思维方式，其最大的转变就是，放弃对因果关系的渴求，而代之关注相关关系。也就是说，只要知道"是什么"，而不需要知道"为什么"**。维克多·迈尔·舍恩伯格宣称，通过探求"是什么"即相关关系，而不是"为什么"，能帮助人们更好地认识世界。因为企业可以通过对海量数据的分析，发现行业的运行规律、市场的偏好与机会等最为宝贵的信息，从而让企业决策变得更加有的放矢。

　　有专家指出，**大数据并不仅仅是大量的数据，而是在看似无序和**

不关联的数据之间找到某种关联，发掘这些形态各异、快慢不一的数据流之间的相关性，是大数据做前人之未做、前人所不能的机会，也正是大数据最主要的特点。

大数据让我们从因果关系的串联思维变成了相关关系的并联思维，颠覆了千百年来人类的思维惯例，也对人类的认知及与世界交流的方式提出了全新的挑战。

有学者指出，大数据带来了思维方式的革命，它对传统的机械还原论进行了深入批判，提出了整体、多样、关联、动态、开放、平等的新思维，这些新思维通过智能终端、物联网、云存储、云计算等技术手段将思维理念变成了物理现实。大数据思维是一种数据化的整体思维，它通过"更多"（全体优于部分）、"更杂"（杂多优于单一）、"更好"（相关优于因果）等思维理念，使思维方式从还原性思维走向了整体性思维，实现了思维方式的变革。具体来说，大数据通过数据化的整体论，实现了还原论与整体论的融贯；通过承认复杂的多样性突出了科学知识的语境性和地方性；通过强调事物的相关性来凸显事实的存在性比因果性更重要。此外，大数据通过事物的数据化，实现了定性定量的综合集成，使人文社会科学等曾经难于数据化的领域像自然科学那般走向了定量研究。就像望远镜让我们能够观测遥远的太空，显微镜让我们可以观察微小的细胞一样，数据挖掘这种新时代的科学新工具让我们实现了用数据化手段测度人类行为和人类社会，再次改变了人类探索世界的方法。**大数据技术让复杂性科学思维实现了技术化，使得复杂性科学方法论变成了可以具体操作的方法工具，从而带来了思维方式与科学方法论的革命。**

专家们指出，数据的挖掘与分析将成为大数据的最大价值，相关关系可以帮助我们捕捉现在和预测未来。如果A和B经常一起发生，那么注意到B发生，就能预测A也发生。这种关系已在零售业和电子商务中被广泛运用。7−11便利店通过分析零售终端的数据，得出了"温度低于15摄氏度暖宝宝的销售量便增加5％"的相关关系。于是，只要温度低于这一度数，店内的暖宝宝就会上架。美国一些实体店现在开始通过视频、智能手机的WIFI信号追踪顾客，获取用户性别，在店内各区域花费的时间和购买之前看过的商品等信息，开始利用手中的大数据武器，由此拉开了一场线上线下的大数据营销之战。阿里巴巴敏锐地捕捉到大数据的巨大潜能。在每年"双十一"销售热潮中，以云计算为基础的数据服务，对数以亿万计的消费者需求信息进行捕捉，帮助网商随时调整销售决策。

购物习惯可以数据化，社交关系可以数据化，社会热点的走向也能数据化（通过对搜索关键词的分析）。这些数据可以导出商业潜能，更能导出社会走向。**无论是环境保护、天气预报，还是社会治安、海外反恐，似乎没有大数据做不到的事。**人们相信，基于数据和分析作出的决策将更加科学。美国中央情报局首席技术官汉特曾表示，就像生产商借助数据分析掌握消费者喜好一样，美国政府也通过大数据来掌握恐怖分子的踪迹。

剑桥大学心理测试中心和微软剑桥研究院的研究结果显示，通过一些特殊算法，从一个人"喜欢"什么就能判断他的个人信息，精度很高。比如，仅通过研究志愿者的"喜欢"，研究人员就能准确判断用户是白人，还是非裔美国人，精准度高达95%；而88%的案例中，能够分析出用户是异性恋还是同性恋。

"预测事情发生的可能性"继续往下延伸，就可以通过适当的"干预"，来引导事情向着期望的方向发展。比如亚马逊和所有的电商一样，都会基于对用户的喜好及消费能力分析来推荐商品，引导用户提高消费额。谷歌等互联网巨头也会通过各种技术手段来向不同的用户展现不同的广告，并称之为"精准营销"，由此来提高点击率（公司收入）。在国内，当你在当当网下单某本书后，它会提醒购买这本书的人中有30%也购买了另外一本书，这些都是基于大数据分析作出的推荐。

## "第五权"：
# 大数据时代，专家、智库的作用更加突出

学者们指出，信息化发展到一定阶段，专家系统的产生成为时

代必然。专家系统是人工智慧的较高阶段，是人们为了使解决问题达到专业层次、专家水平，由众多专家预先释放智慧与各种专业化解决方案，以使普通人能够像专家一样专业地解决问题。在当今技术支撑与信息化生存的时代，人类的一切事务都在专业化层次运行，人们的每一步前行都需要专业的素质与专家的指导，否则将寸步难行。对于跨专业的事务，非专业人士就是耗费再多的时间、精力、金钱也是难以做好的。**全体人都可以贡献自己的智力，智库在其中扮演的角色则是对人类宏大智慧与信息海洋的条分缕析，它的研究体现着一个国家的思想深度。**当今世界，科技化、专业化、信息化极大地拓展着人类社会的各种事务，政府事务、社会事务急剧增量，现代政治日益复杂化，如何准确反应各类分众的意愿与权益，如何制订合乎理性的法律、政策，如何应对越来越复杂的生存与发展状态，都使智库的作用得以提升。特别是在全球化的过程中，人类互动的深度、广度、频度越来越大，面临的机遇与挑战也越来越多，智库在其间可扮演的角色也越来越重要。

西方不少学者认为，现代政治正不断地超越实践主义与经验主义，知识化、专业化、分众化、科学化、技术化、程式化已是重要的特征，专家们从全人类创造的信息海洋中提炼出的意见决定着公共政治生活。智库一般切入人类社会比较重大的事项，如研究历史潮流，解释历史事件，回答历史性挑战，提供各种新战略、新思想、新理论、新模式、新政策、新方法。兰德创始人弗兰克。科尔博姆认为，智库就是一个"思想工厂"，一个没有学生的大学，一个有着明确目标和坚定追求，却同时无拘无束、异想天开的"头脑风暴"中心，一个敢于超越一切现有智慧、敢于挑战和蔑视现有权威的"战略思想中心"。智库或思想库被称为是一个国家的智商，是人类生存与发展的导师。在美国政治中，立法、行政、司法被认为是国家之"三权"，媒体勃兴使之成为"第四权"。**而智库地位十分凸显，其强大研究能力与参政能力，长期左右着美国政治、经济、社会、军事、外交、科技等方面的重大决策，而被称为"第五权"。**

政治顾问是西方政治家的灵魂。政治家及其团队的主要任务之一是严格管理信息的生产和流动。信息不仅可以用来提升自身影响力，巩固自己的政治权威，进而实现自己的政治目标，还可以用来破坏对方的政治基础，甚至可以从心理和生理上彻底摧毁对手。西方国家政治生活中，政治顾问是精通政治、传播、舆论等科学，具有丰富实战经验的高级专家，他们为自己的政治抱负和巨大利益而殚精竭虑。在美国，据说现在有大约7000名优秀的政治咨询顾问。

西方国家的政治是数字的政治，专家系统（智库）发挥了重要作用。一些学者认为，西方政治制度是政党轮流分赃制，核心是选票。选票是数字的，所以西方的政治是数字的。怎样影响并最终改变选民的政治态度和选举决定？这就需要研究统计数字，研究相关经济学、人口学意义上的数字。在西方国家，政治是现实的，也是势利的，是一种商业行为，"它能迅速产生一架高速运转的政治机器。"这不仅是从政治动机和目标而言，更明显地体现在政治运作过程中。研究数字不仅可以把握宏观形势，研究各类变化因子还可以改变并控制相关数字的变化趋势，做到运筹帷幄之中，决胜千里之外。

据报道，美国加州斯坦福大学助理教授贾斯廷·古力马，正尝试把数学应用到政治学研究中，通过电脑对互联网上的海量博客文章、议会演讲、新闻报道加以统计分析，从而展开趋势判断。在这位政治学者眼中，"政治学已经日益成为一个数据密集型学科。"

**随着社会化网络和大数据分析与营销的进一步融合，美国总统大选已经演变成了一场基于大数据分析的精准营销大对决。** 2012年奥巴马竞选团队的数据科学家数量比上次竞选增长了五倍。

哈佛商业评论所言：数据驱动的决策可以让管理者不再依赖直觉。你只需要将总统替换成"某品牌牛奶"，将选民替换成"消费者"，就可以将美国总统大选作为结合大数据分析的精准营销案例进行解读。

**美国是智库运作最成功的国家，形成了特有的"旋转门"现象，即智库精英与政府要员之间良性互动，智库精英可以成为政府要员，政府换届后去职政要也可以到智库发挥作用，这大大促进了知识与权力的有机结合。** 著名的如基辛格，从学者进入政界，再由政界退下来成立了自己的智库。美国选举制度决定了每次换届之后，高层都要来一次比较彻底的大换班，新班子中的高级官员多来自各大智库，进而成为政府政策的直接制定者，"旋转门"效应正是与美国政治运行体制相契合的制度设计之一。

美国宾夕法尼亚大学《2008全球智库报告》显示，全球5465家智库中，美国有1777家，华盛顿有350家，是全球智库最多的城市，中国被认可的仅74家。在经费保障方面，美国前十强智库为5.6亿美元，而美国之外的全球十大智库仅为1.1亿美元。美国智库的成功运作使之形成了发展产业化与议题多元化的良性格局，赢利模式主要有研究报告、委托合同、出版刊物、网络付费高级会议等。智库的研究议题涵盖政治、经济、军事、外交、气候变化、环境保护等广泛选项，总的原则是紧跟潮流、引领方向，注重及时性、前瞻性、可操作性。

### "大数据里出政权"：
## 美国2012年度总统大选的营销活动

2008年，24岁的丹·瓦格纳在芝加哥的一个咨询公司里做分析师，他采用芝加哥大学研究的软件进行计量经济学方面的分析。当他知道伊利诺伊州参议员奥巴马决定竞选美国总统时，他决定应该为他的老乡做些支持。于是，他加入了奥巴马的竞选团队。他的工作从选民数据输入开始，随着奥巴马竞选的展开，他对选民数据采集以及利用统计模型分析选民数据越来越熟悉。传统的调查，通过对人群分类，对每类人群选取一部分样本，以样本来代表这类人群。而丹·瓦格纳和他的团队，改变了二十世纪以来一直沿用的公众调查方法。他们针对每一个个体选民进行统计，其预测是基于每个个体选民的偏好作出的。他的技术给公众调查提供了新的思路。公众调查的人群可以不再是以简单的区域政治区分或者像传统的政治宣传或者商业宣传的用户细分一样采用传统的人群特征如年龄、性别等进行分类，而是可以针对每一个个体选民的特征的综合。候选人可以根据这些个体选民的情况，进行针对每个人的个性化宣传。

依照丹·瓦格纳的方法，需要对一个人做大量分析后才能决定是否把他归类为非选民，而传统民意测验则仅是通过简单的问卷就将其排除。因此瓦格纳的选民数据库的选民总数往往比传统民意测验准确得多。

比如在10月中旬，奥巴马竞选团队的选民意向研究总监大卫·西马斯注意到瓦格纳的分析报告里，在威斯康辛州绿湾县，罗姆尼的支持率领先优势从1到2个百分点拉大到了6到9个百分点，而绿湾是威斯康辛州唯一支持率异动的地区。尽管一个标准的民意调查的800人样本里，可能有100个是绿湾的受访者，丹·瓦格纳的分析研究是基于每周在威斯康辛州5000个电话访问的结果。瓦格纳的分析研究所访问的绿湾地区的选民，可能比民意调查访问到的整个威斯康辛州的选民还要多。"我们有理由认为，这样的异动并不是误差。" 西马斯说。

于是，民主党方面立刻采取了行动。竞选团队发起了一系列针对罗姆尼的广告，抨击罗姆尼对外包的支持。此外，包括前总统克林顿以及奥巴马总统本人，都亲自前往绿湾去拉选票。最终在绿湾，罗姆尼仅以50.3%对48.5%胜出。这也可以理解，通过上百个属性来判断一个人的投票倾向，当然要比向盖洛普那样给选民一份七个问题的问卷要可靠得多。米奇·斯图尔特说："那些变动的民意测验结果会让你紧张，其实支持率的变动没那么剧烈的。这时候，看看分析报表你就会平静下来。"

而罗姆尼的幕僚们被民意调查搞得过于乐观了，他们认为可以通过类似盖洛普的方式来预测选举结果。他们的民意调查专家尼尔·纽豪斯进行民意调查的时候，通过询问用户的投票意愿，以0到10打分，7分以下的被认为不准备去投票。这样的方法，忽略了像EIP实验所揭示的用户行为变化以及竞选宣传的影响。结果，共和党阵营低估了很多被奥巴马竞选宣传所鼓动起来去投票的选民的人数。

在选举的前一天，丹·瓦格纳和他的团队成员们离开办公室，来到芝加哥的民主党选举办公室的实时监控区。在一个月前，分析师们已经开始计算那些提前投票州的选票情况。通过选举委员会提供的投票人名单，以及丹·瓦格纳模型中每个投票人的支持率倾向评分，他们可以预测该州的投票结果，并和实际作比对。

在选举日当天，丹·瓦格纳的分析报表变成了预测。在俄亥俄州提前投票的汉密尔顿县，选举委员会公布了103508名选民的名单。根据丹·瓦格纳的模型，有58379名选民的支持倾向超过50.1，也就是说，他们更加可能投给奥巴马。这使得预测奥巴马的支持率是56.4%，也就是超过罗姆尼13249张选票。提前投票地区的选票，在俄亥俄州选举结束后最先被统计出来，而最终的结果，奥巴马在汉密尔顿以56.6%胜出。在佛罗里达州的提前选举地区，丹·瓦格纳的预测也只有0.2个百分点的误差。杰里米·伯德说："看到这前两个预测结果，我们就知道，这次赢了。"

2009年秋天，在纽约州国会议院的特别选举中，早在选举日之前很多天，丹·瓦格纳的调研经理就预测出正确的选举结果，而预测选票与实际结果的票数差不到150张选票。一个月以后，由于马萨诸塞州的爱德华·肯尼迪参议员的去世，马萨诸塞州也举行了国会特别选举来填补肯尼迪参议员的空位。在这场选战中，人们普遍认为民主党候选人玛莎·科克利将毫无疑问在这个传统的民主党大本营的州获胜。而丹·瓦格纳的调研经理则正确地预测出了共和党候选人斯科德·布朗将最终获胜。这些预测引起了民主党全国委员会的重视。奥巴马全国竞选阵营的副总监杰里米·伯德说："当你正确预测我们能赢是一回事，而当你能正确预测我们会输，就是另一回事了。"

而这个"另一回事"，是在"会输"的五个月前就作出的预测。从6月份开始，丹·瓦格纳根据调查电话的反馈就建立模型。那些民主党的铁杆选民表示将要去投票的比例，要大大低于概率统计所预计的比例，而瓦格纳能够准确地衡量出民主党每次的竞选宣传活动所能提升的选民支持率。从这些分析，瓦格纳认为，民主党的宣传活动所能取得的效果，不足以弥补与共和党在支持率上的差距。

对国会选举的74个选区的部分参议员选举结果进行预测，而这些预测的结果令人难以置信地准确。他的预测与最终结果的差距平均不到2.5％。"这让很多不明白这些预测背后的数学模型的人，也理解了这些数学模型能产生的价值。"奥巴马竞选阵营的总监米奇·斯图尔特补充道，"自从国会特别选举结束后，他的预测在民主党就成了金科玉律了。"

在美国，很少有像2012年总统竞选这样的营销活动，能够影响1.2亿美国成人。几乎没有任何企业或者政府机构能做到这一点。而奥巴马的团队，利用数据分析做到了。2012年，就在奥巴马成功击败对手罗姆尼，再次赢得美国总统选举的当天，《时代》杂志就发表文章称，奥巴马获胜背后的秘密正是数据挖掘。相较于2008年的第一次选举，这一回，竞选团队在最初的一年半时间里就把各种数据合到一起，制作了一个包含各类信息的大数据库。新的大数据库并不会直接告诉竞选团队如何寻找选民，但是数据挖掘团队却能利用这个数据库来进行选情分析，并针对不同类型的选民测试不同的宣传策略。他们通过四个来源的民调数据来详细分析关键州的选民。比如，通过对俄亥俄州2.9万选民的民调数据，他们可以深入分析各个族群的选民在任何时刻的趋势。而在总统候选人的第一次辩论之后，他们分析出哪些选民倒戈，哪些没有。有评论认为，奥巴马获胜的法宝，简单概括就是利用数据挖掘了解他的每一个潜在支持者的个性化需求，并提供精准的服务。数据分析不但能对公众进行前所未有的细化分类，更可以改变他们的观点。奥巴马竞选团队的选民意向研究总监大卫·西马斯说："数据分析让我们把一个全国总统竞选变得好像本地竞选一样……在本地竞选中，你会像街坊一样了解选民，谁与谁是什么关系，他们经常去哪家咖啡馆……在这次竞选中，我们采用的定性分析比任何一次竞选都要多，我们采用的定量分析也比任何一次竞选要多。我们需要做的就是在竞选的各个层面上，利用这些分析所得出的结论。"所以有学者称，信息时代的美国总统大选说明，大数据里出政权。

## 大数据是决策的重要助手，但不能完全代替决策

大数据的决策模式遵循数据转变为信息、信息转变为知识、知识

**涌现出智慧的流程。** 区别于此前专家、精英、权威主导的战略决策，大数据决策让行业专家和技术专家的光芒因为统计学家和数据分析家的出现而变暗淡，**一个非线性的、去中心化的、自下而上的、发现群体智慧的决策模式逐步成型。** 如国外一些新的大数据创业公司专注于整合人工智能（AI）、可视化、面搜索（Faceted Search）和社会化协作工具，让成百上千的普通业务人员能直接协作挖掘、分享和评估大数据集，而无须数据科学家的介入。

但也有专家指出，数据、信息、知识和智慧是不同层次的理念。在将数据转换成信息，进而产生知识的过程中，科学的理论、方法论和资料处理程序的应用程度对信息的质量起决定性作用。大数据的研究方法只能统计某件事情发生的频率和相关性，但不能得出因果关系。将大数据策略和小数据研究相结合也许是更好的科学研究途径。

大数据技术不是万能的，不能解决一切问题，它只是决策的一种量化手段。数字无法自己说话。不论其规模有多大，数据集归根到底是人类设计的产物，而大数据的工具并不能使人们摆脱曲解、隔阂和错误的成见。

专家们指出，在应用信息科学和大数据技术提高国家社会管理和决策能力的同时，不能忽视决策过程中深层的社会和文化因素。决策智能是对现实的总体认知，而数据只是其中的一个因素。正确认识事物的是非和利害，遵循人文精神是更为重要的前提。缺少这个前提，大数据不仅毫无用处，而且能为谬论提供支持。

如美国重视数据有近百年的历史，研究社会问题都搞民意测验或其他实证调查。但2008年金融危机爆发至今，美国的各种经济决策没有使其走出困境；它的情报部门搜集的许多数据都是虚假的（例如伊拉克有大规模杀伤性武器、向国际原子能机构提供虚假情报等）。美国盖洛普民意调查所预测美国大选，每次通常搜集、分析十多万个数据，但多次预测出现错误。**大数据本身不完全等于理性，决策基于数据分析而并非基于经验和直觉，是一种理性的表现，但更大的理性是人文法则，即重视人民的普遍要求，维护各民族的尊严和文化，尊重人的自由、平等和权利。**

第十四讲

# 大数据时代的信息失真与遮蔽

　　大数据时代，信息无所不在，但有真假之别，信息传播中也存在失真问题。虚假信息的危害程度甚于不良信息。

　　在大数据时代，信息和数据其实是高度垄断与集中的。信息一旦集中垄断，就会被控制，为特定的利益服务。与所有新技术一样，大数据技术也具有无法预料的风险。在信息大爆炸面前，需要擦亮我们的眼睛，保持头脑的清醒。

网络谣言：
## 大数据时代的信息失真问题

　　大数据时代，信息无所不在，人们淹没在信息的海洋中，需要导航，需要搜索，更需要推荐。现在的互联网是信息搜索横行的时代，推荐正在开启未来。每个人得到的东西都不一样，互联网公司正在竭尽所能、千方百计为每一个用户量身定制输出搜索结果，进而对用户的需求更加了如指掌，知道用户需要的是什么。在网上买书，每选定一本，下面就有一串书名跟上来；到微博上关注了某博友，网站会推荐您关注其他博友……无论是网上书店还是微博，都在努力做到一件事情，就是根据你个人的兴趣爱好，帮你找到适合你的信息和资源，背后依据的正是大数据。

　　对网民来说，信息导航和推荐带来了方便，但处理不好则会带来被骚扰的烦恼，特别是容易掉进网络诈骗的陷阱中。

　　信息有真假之别，还有传播中的失真问题。传播学理论中有一个很有趣的传话游戏。一群人坐成一排，第一个同学会在第二个同学耳边轻轻说一句话，然后第二个同学再将这句话只传给第三个同学，以此类推，直到最后一个同学把他听到的话大声说出来。有趣的是，最后那位同学所述说的话和第一位同学最初的话往往大相径庭。这就是所谓的信息损耗。

这个过程在信息传播中无时无刻不在发生。**随着信息的传递时间增长，中介次数增多，信息的损耗也呈正比地被放大。这种损耗主要体现在信息的质和量上。**简单说，在量上，一则长信息可能会逐渐丢失细节变成一条短消息，相反，一则短消息可能也会被添加许多不真实的细节而变成一条长消息，但共同之处在于，信息发生了不同程度的失真。而在质上，与前一种量上的损耗不同，质的损耗不再仅仅是信息的失真，更表现在信息的彻底失实，甚至完全与源消息的意思背道而驰。

在互联网这个人人可以生产、制造信息的平台，信息的创造、编辑已经进入了协同合作的维基时代，虚假信息有其滋长的环境。海量的信息创建者所具有的文化知识、教育水平、认识程度良莠不齐，同样一个事件受到网民主观因素的影响而分支出五花八门的信息流。

信息技术的发展并不能自发地判断信息的真假与否，辨别信息的真假对网民来说是个有难度的工作。我们在分享新闻、日志等信息时，是否想过，文中的时间、人物、地点是否可考可求证，或者是否有明显的杜撰倾向？在分享、延长这条信息流时，是否考虑过仅仅出于自身喜好的判断而忽略其真实性，可能对下一个信息的接受者造成怎样的影响？

专家指出，虚假信息的危害程度远远甚于不良信息。人们在接受不良信息时，自我价值体系的判断、筛选仍然在运作，可是长久受虚假信息的毒害，却会完全改变一个人的意识形态与价值判断取向，这才是可怕之处。

在当今这个注意力经济时代，网络营销与谣言有时很难区分和把握。特别是网络谣言，具有广泛性、快捷性、难控性、互动性、逼真性等特点。网络谣言泛滥会给社会带来多方面危害，小到损害个人名誉与利益，大到影响社会正常秩序与和谐稳定。

近年来，一些学者在强调"信息安全流动问题"，一些国家为此采取了相关措施。中国多次开展了打击网络谣言的活动。在英国，根据信息专员办公室的建议，制定了《隐私和电子通讯条例》，规定公司发送未经请求的电子营销材料的规则，例如要求公司给用户发送未经请求的营销材料必须事先获得同意，或者在每次发送消息时让用户有机会表示反对。如果用户收到未经请求的电子营销材料，且在用户表示拒绝后还这样做，用户可以向信息专员投诉。同时，电子邮件的使用者也应自己采取实际措施减少垃圾邮件。例如，可考虑使用不同的个人或商业电子邮件地址；选择难以被人猜测到的电子邮件地址；不要公开自己的电子邮件地址；仔细查验公司隐私政策以及发送营销材料可选择拒绝的措施；不要答复自己不熟悉和不信任的发件人；不要点击垃圾邮件上的广告；使用垃圾邮件过滤软件；维护好自己的系统等。

## "算法审查"：

# 信息垄断还会带来信息控制

在大数据时代，表面上看到处都是数据，其实信息和数据是高度垄断与集中的。因此有学者担心，在这个信息世界中，信息一旦集中垄断，就会被控制，为特定的利益服务。现代技术已经能够做到为特定的人群释放特定的信息，在当事人不知不觉中，诱导、渗透、控制其思想和行为。不少人担心，个人从定制化的窗口中观看世界，政治话语和行动因此丧失了共同的基础，而这种碎片化最终会导致群体极化。

有研究资料指出，市场经济中的大众媒介，面对着五个事关其兴衰成败的主体：（1）消息来源等原材料供应者；（2）受众，即报刊订户、广播听众、电影电视观众、互联网网民等信息销售对象；（3）广告主等收入来源；（4）股东、债权银行等投资人或债权人；（5）负责对传播媒介进行监管的政府机构即市场监管者。时至今日，美、欧、日等发达国家的大媒介公司多为上市公司，往往和其他大公司交叉持股，甚至被其他巨型公司控股（如通用电气持有全国广播公司）。资本或者说所有者，已成为左右大众媒介信息传播的主要力量。当然，西方大众媒介同样受到政府机构强有力的制约。如在美国，不仅法院能对言论自由施加限制，联邦通讯委员会对无线电频谱的分配，同样可以影响广播电视公司的市场环境。资本所有者投资大众媒介，是希望后者在提供信息服务的同时，能赚取利润，获得社会权势。大众媒介争取受众，既是获得社会影响力和权势的过程，也是为把受众转售给广告商打基础。媒介产业成为形形色色的老板们的一桩生意。公众要为巨额的大宗广告埋单，也要为更加明显的舆论单一化承担后果。

有学者提出，大数据技术具有一种强制性功能，通过其产生或处理巨量、高速、多样的数据，以及从而产生的产品设计、研发、销售和管理行动（个体化的产品和服务），推动公司或机构进一步、更完全地进入个人的生活，扩展对个人生活的影响，甚至改变像身份、隐私等术语的普通意义，并且改变我们的社会、经济、政治和文化的生活。与所有新技术一样，大数据技术也具有难以预料的风险。

媒体报道了这样一个案例。2014年美国密苏里州的弗格森小镇发生一起白人警察射杀黑人引发骚乱事件，州政府启动紧急预案，调集军警进行干预。此事件在社交媒体如脸谱、推特、YouTube上引发各种讨论，该事件的讨论在推特和脸谱上呈现出截然不同的两个极端：在推特，#Ferguson的标签长期占据推特的热门话题，围绕此事件的讨论、视频、图片比比皆是，来自当地民众的推文不断成为主流传统媒体的信息来源。如果你要追踪弗格森事件，只需关注这个标签即可。而在脸谱，如果不是通过搜索，你根本看不到关于弗格森事件的一丁点消息，即使你的好友在分享这个小镇上的冲突图片、视频，你都有"可能"看不到，而你所看到的公共消息，几乎都是全球各行各业的人进行冰桶挑战的讨论、视频、图片。为什么会这样？专家指出，根本原因是：脸谱采用某种计算机程序算法干预了用户所看到的内容。换句话说，**脸谱可以控制你看到什么，不看到什么**。脸谱一直在用算法干预用户看到的内容。根据2014年6月发表在美国《国家科学院学报》月刊上的研究论文，脸谱、美国康奈尔大学以及加州大学的研究团队宣布：网民在互联网上的情绪会被影响。论文揭示了该实验的过程："2012年的一周时间内对大约70万用户展开'情绪传染'研究。这项研究在没有提前通告用户的情况下，对用户情绪进行分析，尔后对用户朋友圈的信息进行部分屏蔽，对被研究用户仅开放'开心的消息'或'悲伤的消息'，进而论证外部信息会对用户的情绪产生传染式影响。"美国社会学家泽奈普·图费克奇将脸谱在事件中的表现称之为"算法审查"。互联网公司的算法审查逐步让我们失去了解真实世界的权利。英国《卫报》因此质问道：谁给予这些社交媒体决定用户看到哪些新闻的权力？

其实又何止是新闻，也许很多网民的所看所听所买都经受了各大互联网公司的算法审查。《经济学人》杂志2012年的一期封面故事讲述了四大巨头瓜分互联网领地的故事，这四大巨头分别是：谷歌、亚马逊、苹果、脸谱。这四大巨头一方面不断攻城拔寨，扩充疆土，一方面也以自己的方式（算法审查）塑造了用户在互联网消费的内容。他们控制了我们获取信息、购物、读书、音乐、电影以及与朋友互动的权利。这些公司比政府更了解你，也更能控制你的行为。谷歌公司在全球多个地区搜索市场占据绝对优势，谷歌利用算法为用户呈现它认为最有"价值"的信息。人们很习惯地在互联网公司"免费"与用户体验的幌子下完全缴械，就如进入美丽幸福的新世界。如果你是一个企业商家，你会明白搜索引擎的一个细微算法调整都可能决定你的企业的生死。

媒介素养：

## 在信息爆炸面前，人们需要保持清醒

互联网的世界很精彩，也很无奈。当人们掌握太多的知识时，会越来越习惯借助别人的结果来判断事物，而不是通过自己的大脑。其实，独立思考应该是我们从小就应该掌握的一种能力。

因此，在信息大爆炸面前，需要擦亮我们的眼睛，保持头脑的清醒。在看待一个事件时，要尽量将事件本身和个体看法的信息分流，保持事件本身的信息客观性。要善于发挥网民协同的力量，全景性展现事件真相，以得出一个相对客观的认知，不为各种传言所左右。

在信息时代，人人可以发言和表达的背景下，网民们提升媒介素养成为一个大问题。所谓媒介素养是指，人们面对媒体各种信息时的选择能力、理解能力、质疑能力、评估能力、创造和生产能力以及思辨的反应能力。有评论指出，对多元观点的包容、批判地接收信息、自由负责地表达意见，这些本身就是民主政治的重要基础。媒介素养的培养也是现代社会公民素养和公民教育的一部分。这些素养包括负责地发布、负责地进行再传播，有效地建构与维护网络人际交往网络，同时尊重他人权利，包括隐私权、表达权和知识产权等。

第十五讲

# 信息安全的挑战

在信息时代，信息安全特别是网络安全正在成为左右国家政治命脉、经济发展、军事强弱和文化复兴的重要因素。大数据的整合也面临着保护个人隐私的挑战。信息安全管理是当前各国共同面临的挑战，需要从法律、管理和技术等多个层面上协作才能破解。

"棱镜"只是冰山一角：

# 维护信息安全是信息时代发展的重大挑战

信息安全是指国家、机构、个人的信息空间、信息载体和信息资源不受来自内外各种形式的威胁、侵害和误导的外在状态和方式及内在感受，是非传统安全的重要方面。信息安全的来源既来自外部和内部，也有主观和客观的形式，还有精神和物质的因素。信息非安全的主要状态和方式是威胁、侵害和误导，如网络空间战的威胁、黑客攻击的侵害、传播虚假信息带来的误导等。如今，信息安全与恐怖主义、大规模杀伤性武器扩散、金融危机、严重自然灾害、气候变化、能源资源安全、粮食安全、公共卫生安全等一起构成了全球非传统安全的体系和要素。

网络安全是信息安全的主要内容。所谓网络安全，是指网络系统保持正常运行的状态，不因偶然的或者恶意的原因导致相关硬软件被破坏、数据被窃取。互联网在带给广大公众跨越时空、快速便捷和互动交流的同时，也给网络攻击、网络犯罪、信息泄漏、窥探隐私等提供了可能。

国内也有学者将信息安全概括为网络安全、运行系统的安全、系统信息安全、传输安全和内容安全五个部分。网络安全一般指网络基础设施的安全，它侧重于网络硬件的安全。运行系统安全指保证信息处理和传输系统的安全，它侧重于保证系统正常运行，避免因为系统的崩溃和损坏而对系统存储、处理和传输的信息造成破坏和损失，避免由于电磁泄漏，产生信息泄漏，干扰他人或受他人干扰。系统信息安全包括用户口令鉴别，用户存取权限控制，数据存取权限、方式控制，安全审计，安全问题跟踪，计算机病毒防治，数据加密。网络上信息传播安全指信息传播后果的安全，包括信息过滤等，它侧重于防止和控制非法、有害的信息进行传播的后果，避免公用网络上大量自由传输的信息失控。网络上信息内容安全侧重于保护信息的保密性、真实性和完整性，避免攻击者利用系统的安全漏洞进行窃听、冒充、诈骗等有损于合法用户的行为，它本质上是保护用户的利益和隐私。

当今世界，越来越多国家的电网、油气管道、供水系统、大坝、通讯、银行、铁路、空中交通指挥等重要基础设施，越来越依赖电脑系统的流畅运转。**随着物联网不断推进，基础设施越"智慧"，对网络的依赖程度越高，网络受到攻击的可能性就越大。**网络信息系统一旦遭受非法入侵，信息流被切断或篡改，则可令相关主体瞬间成为"瞎子、聋子和瘫子"。在当今医疗、电力、金融乃至人民生产生活方方面面都在智能化的时代，一个严重漏洞和高危攻击就可能蔓延至整个社会，导致大面积瘫痪，造成银行可能拒绝服务，股票系统可能出现异常，电力可能出现安全事故。

**网络安全正在成为左右国家政治命脉、经济发展、军事强弱和文化复兴的重要因素。** 敌对国家或组织可以通过摧毁关键的信息基础设施来达到以前靠战争才能取得的战略目的。美国中央情报局的一名官员曾声称，给他10亿美元和20个技术高超的黑客，他就能像关掉一台计算机那样"关掉"美国。我国信息安全专家指出，未来战争不会是单纯使用武力攻击军事目标，很可能利用信息武器攻击国民经济。一枚信息炸弹就完全摧毁了伊拉克的防空体系，使得伊拉克的飞机上不了天，只能任凭美军狂轰滥炸。

网络淫秽色情、网络欺诈、垃圾邮件、网络攻击、网络病毒等，也严重威胁网络信息安全。此类信息安全事件往往具有无征兆突发性、可迅速扩散性、大范围传播性和危害程度难以估测等特性，损害人们对互联网的信心，危害现实世界的正常秩序和社会和谐。2000年，全球数十个国家的数百万台计算机被"爱虫"病毒感染，短短两天就造成26亿美元的经济损失，成为有史以来破坏力最强的网络病毒事件。2007年，美国折扣零售巨头TJX曝出4570万张信用卡和借记卡资料遭黑客窃取，成为美国最严重的一次金融信息安全事件。据有关资料估算，在世界范围内，2007年，"网络钓鱼"造成的经济损失激增至32亿美元以上；2008年，网络犯罪分子从商业机构盗窃的知识产权总值就超过了1万亿美元。暴利驱使黑客从单兵作战变为有组织犯罪，数据盗窃日渐猖獗，由此导致网络非法数据交易活动趋热，俨然形成繁荣的"地下网络经济"。根据《2012年诺顿网络犯罪报告》显示，每年有5.56亿人受到网络犯罪的影响，成本高达1100亿美元。2011年对个人和企业的网络犯罪总成本可能高达3380亿欧元。根据诺顿的统计数据显示，在每年1100亿美元的成本中，460亿美元属于中国，210亿美元属于美国，160亿美元属于欧洲。有美国官员估计，每年全球网络盗窃的成本为2500亿美元至1万亿美元。中国目前是网络攻击的主要受害国，仅2013年11月，境外木马或僵尸程序控制境内服务器就接近90万个主机IP。侵犯个人隐私、损害公民合法权益等违法行为时有发生。

中国互联网络信息中心2012年的调查显示，有超过八成的中国网民遭遇过信息安全事件，其中，77.7%的网民都遭受了不同形式的损失。发生经济损失的网民，人均损失额为553.1元，损失总额为194亿元。这个报告特别指出，"极为隐私性的健康医疗信息、金融财产信息泄露比例分别达到了11.2%和7.3%。这说明，窃取个人信息的逐利性越来越强，已不满足于传统的个人联系方式、属性信息，而是追求更具营销精准性的住房、汽车、健康、医疗、金融财产信息等。"

还有专家指出，威胁社会正常运作的"互联网恐怖主义"、"微恐怖主义"、"数字恐怖主义"等力量也在大大增加。2010年5月，美国国土安全部报告称，"过去9个月，企图针对美国发动攻击的数量与步伐超过了此前任何一年的全年总和。"2010年针对俄罗斯领土的恐怖袭击增加了一倍。一个基础投入巨大但个人接触成本很小的网络世界，使不对称战争、"超限战"成为可能，黑客使用低成本的恶意软件即可攻击高度信息化的金融、交通、能源等基础设施，造成遥远地方的混乱。

计算机系统安全漏洞是信息安全的重要隐患。互联网相关设施、金融、电信等许多核心设备和存储、交换设备等都是西方国家生产和出口，路由器、操作系统、服务器等主要产品都存在安全漏洞、后门或隐蔽通道。如果恶意人员或情报机构利用这些漏洞、"后门"去窃取相关敏感信息，窥视个人隐私，控制大量计算机，或利用他人计算机作为"跳板"搞窃密、破坏，这些恶意行为不仅对网络、系统的威胁巨大，也影响到政治、外交、军事、文化等多个领域，甚至会严重威胁到整个国家的网络空间安全。据国内媒体报道，某国公司生产的可编程控制器（PLC）产品和国外进口的USBkey产品、IC卡产品就有着非常严重的漏洞，有的被检测出预先设置了"后门"程序，使用过程中自动往外秘密输送加密数据，外泄用户的敏感信息和认证密钥。

以"棱镜"为代号的美国网络监控计划的披露让人们发现，多年来，美国国家安全局利用谷歌、微软、苹果等九家互联网公司的中央服务器，通过提取音频、视频、照片、电子邮件和连接日志等方式进行网络监控，并在全球范围内进行了超过6.1万项的网络攻击。"棱镜"只是冰山一角。据美国《华盛顿邮报》报道，除"棱镜"外，美国政府还有三个监控项目，内容涵盖网络监控和电话监控。这些监控项目就像一张无形的大网，全世界的网络和通信信息都可能成为其"猎物"。有技术专家称，**美国政府甚至能达到"当你敲击键盘，他们就知道你想干什么"的程度**。

**"潜在犯罪"：**

# 大数据整合面临着保护隐私的挑战

大数据中很多信息可能都与个人的生活方式、消费方式密切相关，所以在对其进行分析的时候，根据信息的整合就能准确地知道谁在做什么，这就涉及个人隐私的问题。

数据挖掘技术的提高使得目标信息能够被还原得更加准确。近年来，以推特、脸谱、微信等为代表的社交媒体受到热捧。人们热衷于在这些社交媒体上发布自己的照片、心情、行踪等各类信息；与此同时，服务器还会记录下用户的登录时间、信息消费习惯、地理位置等大量后台数据。以这些信息为基础进行数据挖掘，便能够准确地掌握需要的个人隐私信息。

2012年2月16日《纽约时报》发表一篇文章，报道塔吉特

（Target）公司有一个分析项目，可确定一位顾客何时怀孕，并将购买与妊娠有关的物品的优惠券送给其中一位少女，该少女父亲得知后非常恼怒，痛骂该公司经理。塔吉特公司是通过鉴定购物模式来确定某一顾客怀孕，然后将优惠券送给她，然而这种挖掘数据的做法引起人们愤怒，因为它泄露了非常私密的信息。

在"棱镜"项目中，美国国家安全局正是通过数据挖掘技术，对从大型互联网公司获取的信息进行分析获取情报。这一方式不仅能够大幅降低监视成本，还能保证信息分析结果的准确性。美国的"棱镜门"事件，凸显了政府对大数据的使用同个人隐私之间的矛盾。2014年1月，在关于国家安全委员会改革的讲话中，奥巴马专门提到了大数据对个人隐私的挑战。

在美国，一种名为"PredPol"的犯罪预测软件，让警方对犯罪案件能够未卜先知，防患于未然。通过对以往犯罪活动发生的时间和地点进行统计，同时参考与犯罪行为和犯罪模式有关的社会学信息，这种借助大数据技术的软件可以预测哪些地区即将发生犯罪事件，指导警察有针对性地进行巡逻。但舆论认为，政府能否仅基于某些数据就将"潜在罪犯"的标签贴在尚未犯罪者的身上，值得打个大大的问号。政府部门应明确数据获取和使用方面的法律边界，尽到保护公民个人隐私的职责。

据媒体报道，在国内，围绕着个人信息形成了一个非法产业链。

从个人信息的非法供应者（即泄露源头）到许许多多的个人信息中介平台，再到形形色色的个人信息收集者，一条完整的非法产业链在黑暗中运行。大量公民个人信息被批量买卖和泄露，成为新型犯罪的根源，与绑架、敲诈勒索、暴力追债等黑恶犯罪合流，严重威胁社会稳定。公安机关多次开展专项行动，破获了大量案件。

专家指出，从目前的研究来看，隐私权的体现形式分成四类：第一是知情权，即知晓个人相关数据收集者的权限范围、收集目的，以及本人能够查询自己的信息；第二是控制权，即个人有权决定是否提供个人数据信息，提供哪些方面的信息；第三是使用修改权；第四是安全保障权。数据主体有权要求管理部门采取必要的、合理的措施以保障个人数据的安全性，防止不当泄露。其中知情权是电子政务中数据主体最重要的权利，也是行使其他权利的基础。在个人信息公开和隐私保护中需要建立一种合理的平衡机制，并以法律来保障。

## "玻璃龙"：
# 中国信息安全在思科等美企面前形同虚设

据统计，我国政府部门、重要行业82%的服务器、73.9%的存储设备、95.6%的操作系统、91.7%的数据库都是国外产品。在涉及国家关键信息基础设施的建设中，频频出现美国"八大金刚"（思科、IBM、谷歌、微软、高通、英特尔、苹果、甲骨文）的影子。

据媒体报道，数字显示，中国四大银行以及部分的城商行数据中心，基本上全部采用以美国思科公司为代表的数据，大约在金融业占到的份额是70%甚至以上；在海关、公安、教育等国家的部委机关，份额超过50%；在铁路、民航、公馆、机场、码头港口，普遍的份额超过60%甚至以上，有的接近百分之百。在与信息产业关联最密切的中国互联网行业，思科的份额有60%。中国电信的163和中国联通169是中国的骨干网，大约承担中国互联网80%以上的流量。目前思科在163骨干网占70%以上的份额，占有所有的超级节点和绝大部分普通核心节点；在169骨干网，思科的份额超过了80%以上，占有所有的超级核心节点、国际交换节点的互联互通节点。中国正面临着严峻的信息安全形势，有人用中国是"玻璃龙"来形容我们信息安全的脆弱性。

**迄今为止，因特网的所有根服务器都在美国和它的几个盟国，实际控制权掌握在美国手中。**这些年，包括中国在内的一些国家多次提出要"国际共管"因特网，但美国不答应。近年来，美国说要把因特网交给一些"利益攸关方"去管理，实际上是换汤不换药，没有实质变化。

专家指出，对网络系统的可控是国家安全的重大工程，而现阶段在这个国外企业主导的市场，需要建立严格的审查机制和市场准入制度，政府应该对国产厂商自主可控的网络信息系统加大支持力度。**要**

从根本上提升中国网络空间的防护能力，一个关键的举措就是提升自主可控的国产软硬件（加密软件、服务器等）和服务占有率。同时，在于国家利益相关的网络数据流动中，一定要有相关的法律作保障，这也需要及时的立法跟进。要加大对云计算、物联网、移动互联网、卫星互联网等新兴技术研发的资金投入，加强核心技术攻关，提高我国对新兴技术的掌控能力，尽快形成拥有自主知识产权的网络安全产业体系。

"网络安全立国"：

## 信息安全管理是一个全球性难题

信息安全管理是当前各国共同面临的挑战，需要从法律、管理和技术等多个层面上协作才能破解。

各国高度重视网络安全顶层设计，纷纷颁布网络安全战略。目前已有40多个国家颁布了网络空间国家安全战略，仅美国就颁布了40多份与网络安全有关的文件。2009年美国白宫发表的《网络空间政策评估》指出，网络安全的风险构成了二十一世纪最严峻的经济挑战和国家安全挑战。2014年2月，总统奥巴马又宣布启动美国《网络安全框架》。近来，美国政府不断夸大中国、俄罗斯等国以及黑客的网络攻击能力，渲染美国正在遭受前所未有的网络攻击，从而不断增加网络投资，升级相关技术与设备，提高网络战备，为网络威慑造势。德国和法国领导人在探讨建立欧洲独立互联网，拟从战略层面绕开美国以强化数据安全。日本2013年6月出台《网络安全战略》，明确提出"网络安全立国"。印度2013年5月出台《国家网络安全策略》，目标是"安全可信的计算机环境"。

以法制保障网络信息安全是各国共同做法。欧盟通过颁布决议、指令、建议、条例等构建了具有鲜明区域特色、体系完整的法律框架。欧盟信息安全立法起源于1992年，《信息安全框架决议》开启了欧盟信息安全立法的新篇章。该决议的目标在于给一般用户、行政管理部门和工商业界存储电子信息提供有效的、切实的安全保护，使之不危及公众的利益。1995年欧盟通过《欧盟个人数据保护指令》，协调各国国内法律以确保个人信息在欧盟范围内自由流动。德国于1976年颁布《联邦资料保护法》，目前虽然没有统一的互联网管理规定，但相关法律，如普遍性法律条款、《媒体服务国家协议》、《广播电台国家协议》和《通讯媒体法》等均适用于互联网领域。特别是《信息和通讯服务规范法》明确了互联网内容传播过程中各个环节、相关机构的责任和义务。英国既有明确赋予相关机构监听权力的《规范调查权法案》，也有打击互联网犯罪的《防止滥用电脑法》，还有保护个人隐私的《数据保护权法》和《隐私和电子通信条例》。法国早在1978年通过了《信息、档案与自由法》。该法第一条规定，信息应服务于公民，信息技术发展不应侵犯身份信息、个人权利、隐私、公共和私人自由。2000年后，法国又相继颁布施行了《数字经济信息法》、《互联网创作保护与传播法》以及《互联网知识产权刑事保护法》等，不断细化信息安全保护方面的法律条款。日本在信息保护方面是一个法律和民众意识都比较健全的国家。2005年日本发布了《个人信息保护法》，这是日本保护个人信息安全的根本法律。2009年日本信息安全政策会议制定了《第二份信息安全基本计划》，2010年又通过了《日本保护国民信息安全战略》，旨在保护日本民众日常生活正常运转不可或缺的关键基础设施的安全，降低民众在使用信息技术时所面临的风险。

## 建设网络强国：
## 中国维护网络安全的举措

近年来，中国政府采取了一系列重大举措加大网络安全和信息化发展的力度。《国务院关于促进信息消费扩大内需的若干意见》强调，加强信息基础设施建设，加快信息产业优化升级，大力丰富信息消费内容，提高信息网络安全保障能力。十八届三中全会《决定》明确提出，要坚持积极利用、科学发展、依法管理、确保安全的方针，加大依法管理网络力度，完善互联网管理领导体制。

2012年7月，中国国务院发布了《关于大力推进信息化发展和切实保障信息安全的若干意见》，其中对于健全安全防护和管理及保障重点领域信息安全、加快能力建设和提升网络与信息安全保障水平、完善政策措施等分别做了具体部署。2012年12月底，全国人大常委会通过了《关于加强网络信息保护的决定》，突出强调国家保护能够识别公民个人身份和涉及公民个人隐私的电子信息，对网络服务提供者和其他企事业单位收集、使用个人信息的规范及保护个人电子信息的义务作出多项规定，政府部门及其工作人员对在履行职责中知悉的公民个人信息同样负有保密和保护的义务。决定还赋予公民必要的监督和举报、控告的权力，充分发挥社会监督作用。我国首个个人信息保护国家标准《信息安全技术公共及商用服务信息系统个人信息保护指南》从2013年2月1日起正式实施。以上法规、标准的推出，正是积极应对互联网所带来的信息安全的威胁与侵害所采取的措施。

2013年2月27日，中央网络安全和信息化领导小组宣告成立，在北京召开了第一次会议。中共中央总书记、国家主席、中央军委主席习近平亲自担任组长，李克强、刘云山任副组长，再次体现了中国最高层全面深化改革、加强顶层设计的意志，显示出在保障网络安全、维护国家利益、推动信息化发展的决心。

新设立的中央网络安全和信息化领导小组将着眼国家安全和长远发展，统筹协调涉及经济、政治、文化、社会及军事等各个领域的网络安全和信息化重大问题，研究制定网络安全和信息化发展战略、宏观规划和重大政策，推动国家网络安全和信息化法治建设，不断增强安全保障能力。

习近平总书记指出，"没有网络安全，就没有国家安全；没有信息化，就没有现代化。"会上透露出来的信息显示，领导小组将围绕"建设网络强国"，重点发力以下任务：要有自己的技术，有过硬的技术；要有丰富全面的信息服务，繁荣发展的网络文化；要有良好的信息基础设施，形成实力雄厚的信息经济；要有高素质的网络安全和信息化人才队伍；要积极开展双边、多边的互联网国际交流合作。会议还强调，建设网络强国的战略部署要与"两个一百年"奋斗目标同步推进，向着网络基础设施基本普及、自主创新能力增强、信息经济全面发展、网络安全保障有力的目标不断前进。

2013年秋季以来，中国政府加大对互联网的整治力度，多部门联动发力，力度之大，全社会为之震动。最高人民法院、最高人民检察院出台了《关于办理利用信息网络实施诽谤等刑事案件适用法律若干问题的解释》，公安等部门开展了大规模打击网络谣言专项行动，有效改良了网络舆论生态。

第十六讲

# 创新的时代

信息时代最重要的是创造力，而不是劳动力，基于信息的创新是财富的来源。

成功的路径主要是三点，第一是创新；第二是整合，尤其是跨界整合；第三是"众包"，善于激发群智。

跨界创新：

## 进入信息时代，最大特点是创新

**信息时代最重要的是创造力，而不是劳动力。第三次工业革命、移动互联网、大数据等正在颠覆传统产业，没有创新，只能等死。**

实现大数据的各种应用价值，关键是具备以创新的方式重用和利用数据的能力。数据不会被它所激发的思想和创新消耗，相反，它可以为创新提供无穷的燃料。一小片合适的信息，可以促使创新迈进一大步。一组数据，可能会得到数据收集人难以想象的应用，也可能会在另一个看起来毫不相关的领域得到应用。正是因为这些创新型应用，数据的能量被层层放大，发挥无尽的作用。

信息时代，基于信息的创新是财富的来源。目前，人们在竞争博弈的过程中，由于社会信息不对称，掌握信息资源的博弈者获得了大量的财富，而其他的博弈者只能获得较少的财富。将来，人们通过虚拟世界获得几乎相同的信息资源，由于信息对称，博弈者所获得的财富差异基本上由创新能力决定。**基于信息的创新能力真正体现了人的知识和智慧的价值。**

现代社会，基于信息的创新已经成为经济的先导。以乔布斯为领袖的苹果公司管理团队的成功就是一个例子。乔布斯不浪费时间去重复他人的生活，他用短暂的一生改写了多个科技运用领域的基本规则："用iPod颠覆了音乐，用iPhone颠覆了手机，用iPad颠覆了电脑，又用Pixar颠覆了电影。"乔布斯以最美的样式、最巧的工艺集成已有的科技成就，满足了人的普遍欲求，在拯救了一个伟大公司的同时成就了自己。世界上顶级科技企业太多了，而只有乔布斯把诸多最重要的要素契合在了一起。正如舆论对乔布斯的评价："一个能把技术、艺术、工业设计融为一体的CEO就他一人，过去没有，未来五十年也很难了；把濒临倒闭的公司做成世界第一，一百年也没有了。"

正如网民评论，今天，**一个真正牛逼的人一定是一个跨界的人，能够同时在科技和人文的交汇点上找到自己的坐标。一个真正厉害的企业，一定是手握用户和数据资源，敢于跨界创新的组织。**

西方国家有学者指出，在当代，技术创新是各创新主体、创新要素交互复杂作用下的一种复杂涌现现象，是技术进步与应用创新的"双螺旋结构"共同演进的产物；信息通讯技术的融合与发展推动了社会形态的变革，催生了知识社会，使得传统的实验室边界逐步"融化"，进一步推动了科技创新模式的嬗变。要完善科技创新体系急需构建以用户为中心、需求为驱动、以社会实践为舞台的共同创新、开放创新的应用创新平台，通过创新双螺旋结构的呼应与互动形成有利于创新涌现的创新生态，打造以人为本的创新2.0模式。

集成创新：

# 整合是最重要的创新能力

有网民指出，由于市场价格、市场供求和市场竞争等因素相互作用、相互关联，全球市场成为有机整体。市场的整体性除了要求内部各因素相互配合外，还要求不同类型市场之间相互配套，组成一个完整的市场体系。市场已经成为一个有机生命体，各要素整合、发挥各自功能，是其生命力所在。

**互联网是人类迄今为止最大的创新集成空间平台，信息时代的创新是集成创新，整合能力是最重要的能力。** 现代社会人流、物流、资金流、信息流都在往高度集成化方向发展，现代化展现为各种要素深度契合的过程，小而全逐渐被破除，大而化之，大而有序，集成化已成潮流向前发展、推演。集成创新是推动集成化发展的根本动力，集成创新的需求明显高于原始创新，一切被深刻地分离的元素本能地趋向和合。集成化是分享、共享、分有、互动连动，众多要素整合为有机整体就是集成化过程，众多要素的有序化就是集成化趋向。

**互联网是人类迄今为止最大的集成之地**，不仅是信息的集成地，硬件技术与设备也在持续创新与高度集成，加上软件技术的快速创新与高度集成，世界上的一切有形物质与人类无形智慧都可以以数字化信息汇集其上。从一开始，互联网就是站在巨人的肩膀上，集各家所长，如网络门户与传统媒体，搜索引擎与互联网信息，博客、微博等社会性网络软件（Social Network Software）网站与众多网民，视频网站与电影、电视剧及自拍网友，互联网更多是基于网络这一快速连接平台，整合各种资源，提供更便捷的服务。互联网公司从一开始就很重视产业链合作，通过整合产业链资源发现新的机会。

老天总是奖赏那些服从其发展规律的企业。在信息时代，人们可以把大量的社会资源统一整合和评测，构成一个资源有效池，向用户按需提供服务。参与分享的用户越多，能够创造的利用价值就越大。腾讯、淘宝、小米的成功，莫不如此。近年来，在经济领域，产业跨界现象大量发生，说明互联网发展导致的产业整合还处在一个欣欣向荣的历史过程中。以互联网为纽带，整合医疗产业、教育行业、文化产业，甚至是金融保险等行业，将带来社会经济秩序的重新构造。**这是一个产业大洗牌的年代，企业的整合能力决定其市场地位。**

可以预见，随着互联网经济不断发展，跨界的方法将越来越简便，手段越来越容易，跨界的人越来越多，行业之间的门槛随着技术进步在不断降低。在全球化时代，仅仅考虑物质或者行业的跨界是不够的，也许要更多地考虑人才的跨界，以及各种机制的跨界和思想、物质全方位的跨界。

大趋势：

# 大众创新的时代

信息时代的创新将不再是少数人的专利，创新将走向大众，集中表现为终端用户的创新、普通大众的创新。个人将获得更大的发展空间，个人创业成为一种时尚，一种趋势。**在大数据、社交网络冲击下，互联网规则也在变化，个性体验和个人创造受到重视，知识变现和创业变得越来越简单。**基于网络的知识创造每时每刻都在发生着。

专家指出，互联网的出现，为人类的信息交换、智力活动和社会交往带来了一种前所未有的组织模式。分布在世界各地的千千万万的计算机终端，按照特定的协议彼此联系、互通讯息，构成一张没有中心却又无比复杂的巨大网络。在这张"平面"的网络上，每个人既是信息的享用者，也是信息的生产者和发布者。个体的智力并不抢眼，却能在这里聚沙成塔，集腋成裘。个体的观点未必准确，却得以在这里相互修正，彼此完善。集思广益、群策群力、兼听则明，这些源自中国的古老哲理，在互联网时代得到了充分的体现。

从互动百科到百度知道，从Linux操作系统到火狐浏览器，这些被广泛使用的网站或软件，并没有依靠传统意义上的政府、企业和组织的参与，没有成型的实验室，甚至也没有经费保障。**互联网的出现，让无数微不足道的"个体"释放出参与创造、参与劳动的本能热**

情。看似如沙粒般散乱无章的网民，在互联网的帮助下，凭借兴趣的驱动，自发而持续的努力，用自己的志愿劳动，创造出一个又一个属于全人类的知识奇迹。

**群体智慧：**

## "众包"思维

2006年，美国的《连线》杂志提出了一个全新的概念——"**众包**"，**指的是把传统上由机构所做的工作，以自由自愿的形式外包给一群没有清晰界限、没有明确组织的人去做，把精英都做不好的事交给草根去做**。这项工作可能是编写一个程序，发明一项技术，制作一篇文档，或是翻译一本书籍，互联网使得这种看似不可能的社会生产组织模式成为可能。哈佛大学佩奇教授研究发现，当系统复杂到极限的时候，傻瓜群组会非常稳定地战胜聪明人群组。管理者树立众包思维，不仅要自己出主意，而且要让网民出主意，从中"选"主意，"合"主意，形成比较完善的决策方案；善于决断，采取合理的措施，回应网民和粉丝需求；通过网络传播，让产品深入网民心中。

"众包"相信每一个人的独特价值，强调多元性和差异化在规则引领下的协作，同时相信群体智慧对个体智慧的超越和修正。承认差异，尊重多元，鼓励自发而有序的交流与合作，正是"众包"背后的巨大力量所在。"每一束光都有其价值"，在规则的轨道中运行，"众声喧哗"也能奏出理性的乐章，这一切，源自互联网的"点石成金"，源自你、我、他的持续热情、彼此尊重和点滴努力。

如今，"众包"的理念在多个领域得到成功的实践。在国内，类似译言网、果壳网这样的社区类网站的成功，充分体现了"众包"的魅力。风靡世界的苹果应用商店，其成功运营的背后，也清晰可见"众包"哲学的身影。

新引擎：

## 创客的年代

信息革命正在经历从IT技术（Information Technology）到数字技术（Data Technology）的转型升级，正在激发和凝聚网民群众的智慧力量。**网民群众在掌握了信息网络技术之后，就会变得更加活跃，更加智慧，成为专家，成为创客。**

创客最早起源于麻省理工学院（MIT）比特和原子研究中心发起的个人制造实验室（Fab Lab）。个人制造实验室基于从个人通讯到个人计算，再到个人制造的社会技术发展脉络，试图构建以用户为中心的，面向应用的，融合从创意、设计、制造，到调试、分析及文档管理等各个环节的用户创新制造环境。**发明创造将不只发生在拥有昂**

贵实验设备的大学或研究机构，也将不仅仅属于少数专业科研人员，而有机会在任何地方由任何人完成，这就是个人制造实验室的核心理念。截至2008年12月，全球已经建立了30余家遵循类似理念和原则的实验室。第一家国际个人制造实验室建立在哥斯达黎加。挪威、印度、加纳、南非、肯尼亚、冰岛、西班牙和荷兰等国家也陆续建立了个人制造实验室，开始从个人创意、设计到制造的实践。在个人制造实验室，创造自己想象中实物的渴望激发着用户。这种用户也被称之为"领导者用户"，在个人制造实验室中扮演重要的角色。个人制造实验室网络的广泛发展带动了个人设计、个人制造的浪潮，创客空间应运而生。创客空间的延伸使面向知识社会创新2.0的个人制造实验室探索真正从MIT的实验室网络脱胎走向了大众。

长尾理论的提出者、美国《连线》杂志前主编克里斯·安德森在《创客：新工业革命》一书中，将创客定义为这样一类人："他们使用数字工具，在屏幕上设计，越来越多地用桌面制造机器、产品；他们是互联网一代，所以本能地通过网络分享成果，通过将互联网文化与合作引入制造过程，他们联手创造着DIY（Do It Yoursetf）的未来。"简单地说，创客是有梦想更有行动的创新创业者，是一群"玩"创新的新型人群。

2015年两会期间，"创客"一词首次进入政府工作报告。国务院总理李克强在对2014年工作进行回顾时指出："互联网金融异军突起，电子商务、物流快递等新业态快速成长，众多'创客'脱颖而出，文化创意产业蓬勃发展。"用官方话语肯定了"创客"这一群体蕴含的巨大能量。

李克强对创客的关注应追溯至2015年年初。1月4日，李克强到访深圳的一个机器科技工作坊——柴火创客空间，体验各位年轻创客的创意产品。李克强现场评价说：**"创客充分展示了大众创业、万众创新的活力。这种活力和创造，将会成为中国经济未来增长的不熄引擎。"**

2014年，全球最大的创客盛会"玩家大会"（Maker Faire）首次官方授权落地深圳，100多个中外创客项目在深圳"赶集"。3D打印可乐瓶、手动拼装简易汽车、雷达吸尘器可自动闪避障碍物、装有传感器的滑板让极限运动变得简单易学、模块化机器人像积木一样可组装……人们在赞叹这些独特创意的同时，也近距离感知了创客这一群体。

作为创客们思想碰撞与创业孵化的平台，创客空间自然备受关注。政府工作报告在2015年工作部署中提出："大力发展众创空间，增设国家自主创新示范区，办好国家高新区，发挥集聚创新要素的领头羊作用。"2015年3月11日，国务院办公厅印发《关于发展众创空间推进大众创新创业的指导意见》，共计提出八项重点任务，旨在营造良好的创新创业生态环境，激发亿万群众创造活力，打造经济发展新引擎。

当前，中国已经形成以北京、上海、深圳为三大中心的创客生态圈，各种创客组织蓬勃发展。有评论认为，同发达国家相比，中国互联网未来发展还有两个不可替代的有利条件：一是中国人均收入将比2010年翻一番；二是中国互联网中富裕人群的比例会增长一倍多。这意味着中国互联网市场会为创业提供足够的发展空间。尽管创客是文化创意产业重要的助推者之一，但中国创客的规模仍比较小。据统计，全球创客空间已达数千家，而中国只有70余家。中外创客以及创客空间之间的交流与合作不失为壮大中国创客群体的一条捷径。

有学者认为，国内创客空间属于初创阶段，创意来源也主要来自国外的开源网站，还没有形成有显著特色的、可持续发展的模式。除了个别创客空间属于综合性平台之外，今后创客空间的专业化趋势在所难免。创客空间本身的商业模式和运行模式也是值得探讨和摸索的。

有专家指出，互联网的未来，很可能是互联网大国的大众创新竞赛，比谁的创新门槛低，比谁的创新发展快。中国需要创造更加适合的制度条件，鼓励更低门槛的大众创新。从整体看，美欧创新正在趋缓，可供中国模仿的创新越来越少，中国越来越需要自己创新。**在这个意义上，互联网最大的未来不仅仅在于产业本身的发展，而在于为中国创造了一种大众创新的全新历史经验。只要中国创新门槛不断降低，最普通的民众都可以实现梦想，天必会降大繁荣于中国。**

第十七讲

# 数据开放运动

开放、分享的精神是互联网能发展到今天的根本原因。自由软件运动和源代码开放运动对网络自由开放和共享精神的形成作出了无可替代的贡献，但今天数据开放面临更大的挑战和阻力。如何在维护互联网的开放性与维护安全和稳定中寻找平衡是个难题。

就商业模式来说，分享和免费具有巨大的社会经济价值。互联网经济，平台为王，平台思维就是开放、共享、共赢的思维。在信息技术对产业进行大洗牌的背景下，平台模式最有可能成就产业巨头。

"开源"：

## 开放是互联网的品质

开放是互联网基础性和支撑性的精神。**翻开互联网发展的历史，我们可以发现，开放、分享的精神才是互联网能发展到今天的根本原因。**很多人都知道，互联网产生的早期主要是为了方便美国研究机构和高校的科学家们分享研究资料。刚开始互联网只对科学家开放，后来对商业机构开放，现在对所有的人开放。

国际互联网建立的最原始动因是为了资源的共享，要共享就必须搭建一个实现共享的技术平台，这就要求电脑相互连接，并保持开放，这样，互联网就成为一个自由、开放和共享的计算机网络。正如互联网创始人蒂姆·伯纳斯·李所提出的："互联网的关键概念在于，它不是为某一种需求设计的，而是一种可接受任何新的需求的总的基础结构。"

为达到开放的要求，互联网采取了分布式结构和包切换的传输方式，这为网络的开放性提供了技术上的保障。美国国家研究委员会编辑的《理解信息未来——互联网及其他》一书认为，"开放的网络"是指"可以进行各种类型的信息服务，（这些信息）可以来自各种类型的网络服务机构，而且，这种连接应该是没有障碍的。"

从这个定义不难看出，网络的开放性在网络架构上主要体现在四个方面：（1）对用户开放。用户只要遵守必要的网络协议，就可以很方便地联入网络，网络随时保持对用户的开放。（2）对信息服务提供者开放。网络是一个"信息海量"的环境，需要有大量的信息服务提供者，网络只有对信息服务提供者保持开放，才能保证网络信息资源的丰富。所以，网络在技术上为提供信息服务者提供了一种开放性的接入环境和信息发布、传播的平台。（3）对网络提供者开放。互联网是世界上最大的电脑网络，除此之外，还存在大量局部的、单独的网络。这些网络是根据自己的特殊需要设计的，可能有自己的接口和用户环境。互联网对这些网络也是开放的，只要他们遵循少量的网络协议，如TCP/IP协议等，就可以联入互联网，这些网络也就成为互联网的一部分。（4）对未来的改进开放。互联网是一个成长性的网络，只有对未来实行开放，才能使互联网成为一个真正的开放性的网络。因此，互联网对未来和可能新增的各种服务提供了开放性的平台。正是这一开放性的平台使互联网的发展日新月异，呈现出生机勃勃的发展景象。

专家指出，互联网自由、开放和共享精神的形成与自由软件运动和开放源代码运动有着密切的联系。**自由软件运动和源代码开放运动对网络自由开放和共享精神的形成作出了无可替代的贡献，是**

网络精神形成的技术文化资源和支持。随着越来越多的公司和个人采纳了开放源代码的做法，"开源"一词被正名并获得全世界软件行业的认同。

### "数据民主化"：

## 数据开放的挑战

软件由代码和数据共同组成。当开放代码成为共识和现实的时候，新一代的创新者，又将眼光投向了数据。但是代码开放只涉及技术层面，而数据开放涉及面太广，不仅关乎技术，还与数据内容相关，直指安全与隐私。因而数据开放面临更大的挑战和阻力，数据开放也没有像代码开放一样在商业领域兴起。

一些有识之士意识到，在大数据时代，信息和数据成为最重要的资源。一旦信息自由、数据开放，就意味着信息和每一个公民之间都是等距的，而且中间没有层级的过滤。数据的开放和流动，就代表着知识的开放和流动，代表着权力的开放和流动，这种开放和流动，是多中心的、水平的。**在大数据时代，社会的主体结构将从分层转向网状，在网状传播力量的不断冲击下，个人的主体价值将得到前所未有的体现，社会生产力将得到更大的解放和发展。**

开放，已经是大数据时代的巨大风潮。没有开放，就没有大数据。大数据时代，不同的排列组合产生不同的结果，变化是未来常态。加速变化的动态社会，开放的心态，开放的平台，开放的规则，也许成为最基本的生存要素。

数据开放的诉求，首先指向了公共领域和公共数据，即政府采集、拥有的数据。**大数据的核心组成部分是由政府机构所拥有的社会管理和公共生活数据，以及主要是由政府机构直接拥有或间接支持下获得的物理世界和生物世界的数据。**同政府数据资源相比，无论个人、企业或社会组织如何努力，获取和可利用的数据资源，都是简单、片面和利用价值极其有限的。所以，如何使政府从垄断和保密的历史惯性思维方式中解脱出来，在确保隐私、机密和国家安全的前提下带头开放数据，降低公众获取和利用政府数据资源难度和成本，至少是大数据时代开启阶段的瓶颈。

大数据正在成为一个国家最重要的国家社会资源，对大数据的获取和利用能力正在成为软硬兼备的真实力。正是在开放政府数据资源这一关键点上，美国再次走在了世界各国的前面。

2006年奥巴马还在担任美国国会参议员期间，和另一参议员联合推出了《联邦资金责任透明法案》，这个法案后来产生了广泛的影响，也被称为《科伯恩—奥巴马法案》。根据这一法案，2007年，USAspending.gov上线发布，成为美国联邦政府发布公共支出信息的门户网站。这是一个巨大的数据开放网站，可以对联邦政府2000

年以来高达3万亿的政府资金使用情况以及30多万个政府合同商所承包的项目进行跟踪、搜索、排序、分析和对比，其数据每两周更新一次。网站上线之后，受到了社会各界的极大好评。

2009年奥巴马就任总统，上任第一天在他的总统备忘录《透明和开放的政府》中阐述"多方协作"理念："政府应该是多方协作的。多方协作让人民积极参与政府工作。各行政部门和机构应利用新工具、方法和系统，在各部门之间、各级政府之间全面协作。此外还要与非营利组织、企业和个人进行协作。各行政部门和机构要广泛征求公众的反馈，以评估协作的效果，确定新的协作机会。"他认为，**"人民知道得越多，政府官员才能更加负责任。"**

奥巴马还任命了联邦政府历史上第一位首席信息官和第一位首席技术官。经过多个部门的沟通磨合，克服了众多的分歧意见，联邦政府数据开放门户网站Data.gov上线发布，全面开放政府拥有的公共数据。这些数据中，许多曾经是政府管理人员的内部决策参考，是官员的"专利"，市民大众无权使用，而今，这些数据允许全球任何人访问和下载。这一做法被称为"数据民主化"。截至2011年12月，仅在Data.gov网站上，就汇集了1140个应用程序和软件工具、85个手机应用插件，其中有近300个是由民间的程序员、公益组织等社会力量自发开发的。

**事实说明，大数据促进了数据开放和利用，推动政府构建相应的**

**数据开放工程，从而大大强化了社会信息的公开透明。与此同时，数据开放有助于推动政府管理工作的革新。**政府公开公共数据、财政开支细目的过程，也是民众参与公共政策制定、社会事务评估和监督的过程。

当然，大数据的开放性也会让民众的隐私和国家机密更易于泄露。同时，在网络的虚拟世界中，每一个拥有计算机输出和输入终端的行为体均可以在互联网中发布和获取信息。这些行为体包括个人、国家、公司、利益集团、政党、国际组织等。由于网络的开放性使得行为体进入互联网的门槛极低，所有的行为体基本可以在一个对等的平台进行对话，这就为网络空间内国家之外行为体从事政治、经济、文化等行为提供了便利。人们也认识到，互联网的开放性不能与涉及国家安全和社会稳定的言论合法性相冲突。因为每一个社会的言论自由都是相对的且有一定的限度。任何国家都具有监管互联网信息是否符合国家安全利益，及不与其国家政治制度与意识形态相悖的权力。

管理者要正确把握开放和监管的关系，掌握好监管的火候和力度，处理好多数人的自由和少数人的自由的关系，处理好正当的网络自由和过分的网络自由的关系，避免加强网络监管而损害网络自由的魅力，或放任无政府主义行为而影响网络的可持续发展。

或许我们还需要寻找一种机制，在保证互联网开放和活力的同时，也让个人隐私和国家机密的保障获得提升，让互联网更加安全可信。

# "比特经济"：

## 分享和免费

有学者认为，与原子构成的物质产品无法分享截然不同，以比特形式存在的信息，本身就包含有共享的性质。**与传统"原子经济"不同，"比特经济"则是开放的、多元的、个性的，新经济主体更加注重分享的力量和免费的意义。**

分享是伴随互联网诞生就存在的本质需求，"开源"证明了协调和分享的力量。"开源"社区、"众包"的方式，快速创新、协同共享的模式在当今互联网创新时代受到越来越多人的认可。尤其是在互联网巨头和一些传统软件巨头都加入"开源"阵营后，逐步改变了软件开发和提供模式，促进了产业快速创新和升级，降低了创业企业和社会公共成本。软件改变世界、驱动创新创业的速度在加快。

"开源"带来的平台力量，在最广泛的范围，以最小代价贡献力量、服务和价值，降低失败的成本，提升服务的价值。开源云计算、大数据平台不仅推动了企业应用和社区壮大，更是驱动了大数据快速从名词变成生产力和生活方式，相关商业应用和创业企业随之诞生。开源平台、算法和现实需求的商业模式，还将催生新一轮创业浪潮，一大批技术和知识主导型创业将快速涌现。

互联网企业发展的事例说明，互联网越是开放，发展就越是迅速，服务质量就越好，互联网服务企业的投入成本越低，网民的进门槛和使用成本越低；使用互联网的人越多，互联网的价值越大，互联网产生的效益越多。大型网络平台无不免费开放，吸引更多的网民，产生更好的效益。

在互联网时代，免费可以成为一种商业模式，这在以前是不可想象的。腾讯的QQ从一开始就是免费的，没有人给它埋单，但是腾讯仍然坚持满足用户的各种需求，把QQ越做越好。QQ做成功了之后，也就有了埋单的人了。

小米手机在推出之前，就到各大论坛中找到了100个最为活跃也最懂手机的消费者，把还没有面世的工程机免费提供给他们使用，然后根据他们的意见进行改进。这些核心用户又带动了一大批忠诚的用户，他们对小米推出的任何产品都有很高的热情和忠诚度，积极参与小米组织的各种活动。

互联网的平台思维就是开放、共享、共赢的思维。平台模式的精髓，在于打造一个多主体共赢互利的生态圈。**将来的平台之争，一定是生态圈之间的竞争。在信息技术对产业进行大洗牌的背景下，平台模式最有可能成就产业巨头。**至今全球最大的100家企业里，有60家企业的主要收入来自平台商业模式，包括苹果、谷歌等。在国内，百度、阿里、腾讯三大互联网巨头围绕搜索、电商、社交各自构筑了强大的产业生态，后来者很难撼动他们，只能考虑怎样利用现有的平台。

信息时代，创业者必须树立"共赢"思维。信息网络技术已把越来越多的个人、组织、民族和国家连接成为生机勃勃的生态网络系统，一个共生共栖的全球化社会。与其吃掉对手或与之竞争，不如结成同盟。信息交流正在加快催生各种合作和共赢行为。基于网络平台的多元主体共建愿景，共同治理，通过合作共赢可以创造更大的价值，共享"合作红利"。

第十八讲

# 信息意识和学习能力

在信息时代，人是一种信息化生存，信息意识和学习能力，对人自身的发展至关重要。只有善于学习，才能拥有未来。一个人获取知识来源的能力比知道现有知识更为关键。

网络对我们思维模式的不利影响，值得重视。"我们要停止搜索，开始思考。"

历史与现实信息的全面数字化为思想的产生提供了丰富的原材料。这是一个迫切需要大师并能产生思想大师的时代。

传播学者霍华德·莱茵戈德指出，人在信息时代需要五种素养：专注力、参与力、合作力、对信息的批判性接受能力和互联网技巧。

处理信息的智慧：

## 练就敏锐的信息意识

形成信息意识是当务之急。正如网民所说的，在信息爆炸、价值多元、伦理道德泛滥的信息时代中，你想做一个怎样的人，取决于你所接触的信息以及对于这些信息的处理。你如何对这些信息进行分析，如何看待、评价，如何剔除或吸收，如何提取、凝结、转化为自己的东西加以存储和利用，或加以改造创新等，决定了你的思想、气质、内涵、人格、成就。

网络时代仅仅能够广泛地搜集信息是远远不够的，更重要的是去理解信息、运用信息，使信息的价值得到充分挖掘。必须学会对信息进行智慧处理，让大脑的分析处理功能不断进化。**在这个信息无孔不入的信息化时代，保持信息的灵通和多元才能让你保持和这个世界的适应和同步。建立起自己灵通、多元的信息渠道是现代人必不可少的生活要素。**

所谓信息意识，简单地说，是人们利用信息系统（例如无所不在的互联网络、手机移动通信等）获取所需信息的内在动因，具体表现为对信息的敏感性、选择能力和消化吸收能力。**有无信息意识决定着人们捕捉、判断和利用信息的自觉程度。**创造能力的提高实际上是以信息意识和信息能力的提高为基础的。

对信息要有特殊的、敏锐的感受力，能敏锐地捕捉信息，并善于从他人来看是司空见惯的、微不足道的现象中，发现有价值的信息。

对信息要具有持久的注意力，使对信息的态度成为一种习惯性倾向。对信息的关注要突破时间和空间的限制，无论是工作还是日常生活，都要习惯用信息的眼光，从信息的角度去观察、思考，把周边信息和自己要解决的问题联系在一起。

要培养信息价值的判断力和洞察力。面对浩如烟海、杂乱无序的信息，能够去粗取精，去伪取真，进行识别，并作出正确选择。

要培养较强的沟通和应变能力。提升把握信息和获取信息的能力，必须善于交流和发挥自己的想象力。工作最有成效的人将是那些懂得如何表达信息和思想以得到别人理解与支持的人。此外，听得认真、写得明白、看得仔细、说得清楚、叙述得准确将具有无可估量的价值。随着竞争的不断激烈，越来越多的人想尽可能多地获取更有效的信息，来不断补充和完善自己，唯恐自己跟不上信息时代的快节奏。信息时代瞬息万变，要想在这多变的世界中获取成功，就必须要求自己炼就一种非凡的应变能力。

终身学习：

## 现代学习者所需掌握的核心技能

现代社会，知识的迅速发展、分化以及老化失效速度大大加快，使人们不得不面对"信息危机"。**每个人都不能在学校教育中掌握他终身需要的全部知识，人需要树立终身学习的理念，形成主动获取信息和知识的能力。**杰克·韦尔奇说过："一旦我停止学习新的事物，开始谈论过去多于未来时，我认为就离退休不远了。"

在信息时代，要赢得发展先机，必须要学会学习。只有善于学习，才能拥有未来。一个人获取知识来源的能力比知道现有知识更为关键。

信息时代的学习环境发生了深刻的变化。专家指出，技术不再是单独的工具，而是蕴含了许多不同类型的专业资源、人和工具，**它们以互补的方式共同运作，建立和维护了一种创新性的生态圈或者学习文化，使学习内容的来源、学习方式发生了根本性变革。**每个人既是知识的生产者，也是知识的消费者。技术从作为支持个体的工具更多地转变为一种支持泛在学习、自由探究、知识建构、交流协作的无缝学习环境。技术与教育服务的融合、人和技术的融合、实体的空间和虚拟的空间融合，形成一个技术完全融入"学习"的和谐教育信息生态。这种生态环境不是一个割裂的学习空间，而是通过网络连接全球性社会，连接人们的日常生活经验与未来生活，学习也不仅仅发生在教室和学校里，而是终身的、全面的、按需获得的。

在"数字化—网络化"的时代背景之下，读书的纸质路径和网络路径并存，读书的仿真、拟真、逼真环境相兼，读书人的意态、神态和心态互融，读书活动面临着"仓储式"向"检索式"的演进、"阶段教育"向"终身教育"的发展、"闭合空间教育"向"开环网络教育"的延伸、"静态阅读"向"动态阅读"的推进、"二维空间"阅读向"三维空间"和"多维空间"阅读的直入……作为现代人的读书人、文化人，拥有精彩纷呈的阅读对象、与时俱进的阅读理念和广袤无垠的阅读空间，读书精神面临着新的升华，读书方法在继承传统有效的方法的同时，面临拓展与创新。

现代社会一方面需要掌握各方面信息才能驾驭全局，另一方面靠一个人完全掌握和理解一个情景、一个领域、一个学科的全部内容是很困难的，个体很难具备这种能力。**学习者在不同人群、不同领域、观点和概念之间发现连接、识别范式和创建意义的能力远比内化部分知识的能力重要，这应该是现代学习者所需掌握的核心技能。**

专家指出，在信息时代，要通过学习培养较强的可转移能力。可转移能力是基于行动的一种能力，是指分析、写作、推理、管理等。

在高效快捷的信息时代中，任何一个企业和个人都不是一成不变的，他们同样地随着时代的节奏而不断地进行"潮起潮落"。在这些运动的过程中，每个人一生不可能就单纯地只会某一种职业，在企业和行业不断更新交替的今天，我们个人的学习技能和个人特质在不断的求职中也随之而不断更新。而要想成功地适应这种不断运动的社会，就必须要求人的能力也必须处于"运动"之中，而这个"运动"的能力就是我们所说的可转移能力。

思想生产模式的变迁：

# 信息时代呼唤思想的大师

信息化不断推进人的生活方式现代化，不仅使人手得到"延长"，更重要的是使人脑得到"扩展"。人的信息化生存，深刻地改变了原有的社会思维方式和交往模式。信息传播时效的推进，加快了社会的整体节奏，快节奏、高效率成为一种新的生活方式，社交媒体的全时性特点使人们随时保持一种待命状态，时不时拿出手机翻读接收到的各类信息。无限快节奏的生活方式、碎片化的信息，也可能会将人们引向思想的迷失。

网络搜索引擎的出现，对人们的思维方式带来冲击，人的记忆方式也在发生变化，更多的选择记忆在于重要的信息点和信息的获取路径。有专家指出，网络在时空上的突破，使我们更倾向于无结构的观念和非理性的思维方式。**这种开放、多元、虚拟、强调个性化与交互式的特点，使我们的思维也随着技术的发展进入新的阶段。**

网络对我们思维模式的不利影响，值得重视。美国学者尼古拉斯·卡尔指出："互联网正在把我们变成高速数据处理机一样的机器人，失去了以前的大脑。"缺乏创新、没有耐心在某种意义上都与信息爆炸有关，我们不断被信息化浪潮冲击，信息焦虑促使我们担心错过什么消息，我们不断攫取信息，但很少进行深刻思考。网络媒介带给人们极大便利的同时，又消解着人们的理性思维，使人变成了懒得思考的"平面人"。而且数字化复制的简单性使得重复信息、垃圾信息呈爆炸式增长，**"海量"信息不一定有海量价值，反而使我们面临信息匮乏的境地，也导致了思维的简单化。**互联网的知识储存和查找功能助长了我们的惰性，有了问题就"百度"或"谷歌"一下，我们不必记忆什么，因为任何知识都可以通过"复制"加"粘贴"来完成。由此，浏览代替了阅读，查找代替了思考。**浏览和查找在强化我们的视觉处理能力，同时也弱化了我们深度思考和创造的能力。懒得思考、疏于记忆、不思创新成为一种普遍趋势。**我们的思维方式更加感性，理性思维能力下降，思维方式容易变得简单、浅薄。随着网络更多的个人化和社会化，人们可能面临着更加消息闭塞的危险。互联网使得用户可以寻求他们已经同意的观点或者消息，创造出在线信息隔离区，不同派别和圈子的观点很少混杂。

有网民戏称：在当今信息爆炸的年代，我们都可以成为不折不扣的知道分子，知识越多越弱智。互联网很有意思，它在赋予你知识、信息的同时，也赋予了你表达的权利，但是互联网没有赋予你表达和思考的能力。网络提供给人的是消费，有时候，消费代替了思考。

因而，有学者呼吁："我们要停止搜索，开始思考。"

信息、知识与价值创造之间的关系是什么？1991年，信息学理论的开创者之一罗伯特·莱齐（Robert Lucky）提出，信息的价值链呈金字塔型，底层数据没有价值，归类后的数据成为有价值的信息，应用信息（技术）价值更高，而智慧则位于价值最顶层，被人们学习、经历，并帮助我们理解，甚至是预测事件。

国外有学者认为，互联网时代，人类社会框架没有变，基本社会结构仍然和一千多年前一样。互联网并没有改变人们的思维方式，是我们的思维创造了互联网而不是相反。互联网虽然改变了人们的思维习惯，但这和改变大脑是两回事。五千年前人类发现了如何阅读和写作，三千年前发现了逻辑，五百年前发现了科学。这些革命性变化都没有给人们带来基因上的变化。互联网不是对我们思维的威胁。

这是一个迫切需要大师并能产生思想大师的时代。

历史与现实信息的全面数字化为思想的产生提供了丰富的原材料。网络正在帮助人类实现有史以来最伟大的一个梦想：所有人都将可以分有人类古往今来创造的一切知识。人类的一切知识和信息都可以获得网络存在方式，理论上都可以被搜索、分有。数字化再现的文明被不断地了解、知晓、批判、解构、再造、关联、融合、创新，激发人类的智慧，在这场轰轰烈烈的再生运动中获得永恒的价值和生命。丰富的知识或信息环境，有助于促进人们心智的成长。人类告别了智力资源的短缺时代，迎来的是一个智力资源快速增长的相对富足时代。**人类已经不必再为知识、信息、素材的获取耗尽心神。在信息时代，一个人通过学习掌握智慧，只要有足够的消化力、创造力，成就将时时得以生成。**

信息时代，人类思想生产模式也在发生变化。早先时期思想生产模式的特征表现为由思想精英独立进行生产，然后向社会大众推广传播，因此，思想生产的过程是相对封闭、相互隔绝的，也是不透明的。而当今时代，尤其是进入互联网时代，思想生产模式的特征表现为：除了思想精英之外，社会大众也参与了思想生产，这种过程是开放性、互动性的，也是透明的。这样一种开放的环境将会产生一种积极的机制，即多样性思想氛围的形成，其最大作用在于形成多样化的审视角度和评价体系，不仅激发人们努力探索和思考，而且促进对各种思想的甄别和鉴定。网络使个体的贡献成为可能，解放了无数独特个体的思想，必将生发出浩渺无限的力量，展现出巨大创造性。

# 后 记

近年来，由于工作需要，我对信息时代特征等问题作了一些资料综合分析，并进行了一些思考。本书以散论的形式，对相关研究成果进行了梳理。书稿形成过程中采纳了不少报刊媒体和网上公开发表的相关研究成果，同时吸收了我的老师们的一些观点，在此不一一例举，谨向原作者和各位老师表示感谢。某种意义上，本书是这个时期相关研究成果的集合之作。如有谬误不当之处，则是我的能力水平问题。

书稿形成过程中得到了许多老师和朋友的鼓励支持，佛涛老师给予指导并专门为书题词，张帆老师给予了很多帮助，世界知识出版社的编辑们付出了大量辛苦劳动，在此一并表示感谢。

信息时代的到来是个无可回避的重大话题，目前对这时代性特征的相关研究成果还很少，但愿本书能够起到抛砖引玉的作用，引发大家的讨论和深度思考，推动相关实践开展。

洪鼎芝

2015年4月3日